Maxime Du Camp

La Bienfaisance
israélite à Paris

Essai

ISBN : 978-1545432792

10 9 8 7 6 5 4 3 2 1

Maxime Du Camp

La Bienfaisance israélite à Paris

Essai

Table de Matières

I. — LA COMMUNAUTÉ.

Il y a cent ans, le nombre des Israélites tolérés à Paris ne dépassait pas celui de huit cents ; ils restaient soumis à la discrétion du lieutenant-général de police, qui les surveillait de près et les tenait dans une dépendance presque absolue. Leur sort n'avait rien d'enviable, et certaines professions leur étaient interdites ; un arrêt royal du 14 août 1774 les exclut des « corps d'arts et de métiers ; » un autre, en date du 25 juillet 1775, leur défend d'exercer le commerce de la draperie et de la mercerie, auquel ils excellaient. Tout gouvernement semblait prendre à tâche de renouveler contre eux la vieille malédiction légendaire que les sectes issues du judaïsme leur avaient infligée. Parqués, soupçonnés, vilipendés, dépouillés, accusés d'égorger les petits enfants, objets des contes de vieilles femmes, épouvantails des nourrices, exposés à toutes les diatribes et à toutes les avanies, ils vivaient humbles, effarouchés, dans l'ombre, et réduits, pour vivre, aux basses industries dont nul ne voulait. Si quelqu'un d'entre eux parvenait à une condition tolérable et même à une haute situation, — Samuel Bernard ? — c'est qu'il avait réussi à dissimuler ses origines. L'existence des juifs était précaire, sinon persécutée ; la loi ne leur reconnaissait aucun droit, la société ne leur réservait aucune sécurité, la justice ne leur accordait aucun recours ; ils étaient, ainsi que je les ai encore vus dans certaines villes d'Orient, rejetés à part comme des pestiférés. Ils offraient l'exemple de la plus cruelle, de la plus persistante injustice dont l'humanité ait frappé des hommes, et que les siècles aveugles s'étaient léguée d'âge en âge, comme une tradition sacrée. Est-il donc dans la destinée des spéculations religieuses de susciter des luttes impitoyables et des haines sans merci ? La Bible baigne dans le sang des communions qui la révèrent et se sont entre-déchirées, parce qu'elles n'interprètent pas le même texte de la même manière, et n'adorent pas le même Dieu de la même façon.

Il appartenait à la France de mettre fin à l'iniquité de la persécution des israélites ; grâce à elle, une race et une croyance sont rentrées dans le droit commun, d'où l'aveuglement des préjugés les avait exclues. La révolution française avait décrété l'égalité des hommes ; elle ne voulut point se démentir et fut logique avec elle-même : le 28 janvier 1790, le droit de citoyen est accordé aux juifs du rite portugais et le 27 septembre 1791 aux juifs du rite allemand. Deux rites pour une communauté si restreinte,[1] c'est beaucoup ; et si l'on en croyait certaines révélations faites à propos d'un procès financier qui eut un grand retentissement dans la dernière période du second empire, Israël d'Allemagne et Israël de Portugal se rencontreraient dans un même sentiment de haine fraternelle. Qu'importe ; ce n'est point sous cet aspect que je dois considérer les descendants de ceux à qui Moïse a dit dans le désert : « Tu aimeras ton prochain comme toi-même, » car si les deux sectes sont souvent en lutte sur un terrain où je me garderai bien de les suivre, elles n'ont point de contestations lorsqu'il s'agit d'exercer la charité, et c'est seulement de charité qu'il s'agit. Délivrée par l'initiative française, après dix-huit cents ans d'oppression, la communauté juive s'accrut rapidement à Paris ; il était naturel que les israélites s'empressassent vers la ville où pour la première fois les portes de la vie sociale leur étaient ouvertes. Ce ne fut point une sorte d'invasion, ainsi qu'on le pourrait croire ; prudemment, comme s'ils eussent tâté le terrain, ils arrivaient par petits groupes, s'établissaient sans bruit et semblaient chercher à se perdre au milieu de la foule. En 1806, on en compte 2,700, où dominent les adeptes du rite allemand, qui, dès lors, conserveront la supériorité numérique. Si la liberté dont ils peuvent jouir en France les attire, la conscription et le service militaire les éloignent ; en 1821, malgré des fortunes naissantes qui les convient et leur font des promesses, ils ne sont encore que 6,000. Sous le règne de Napoléon III, l'augmentation est notable et concorde avec l'extension des voies ferrées. La troisième république ne les effraie pas, loin de là, car ils paraissent chercher de préférence les pays d'où toute hiérarchie conventionnelle a disparu ; le recensement de 1872 indiquait, d'après les déclarations individuelles, le chiffre de 23,434 israélites, qui doit être au-dessous de la réalité. Depuis cette époque, la campagne antisémitique poursuivie en Russie, les expulsions des Polonais du grand-duché de Posen, ont refoulé bien des familles juives vers l'Europe occidentale ; plus d'une est venue s'établir à Paris, qui est la terre promise des malheureux, des proscrits et des aventuriers. Aujourd'hui, sur notre population, qui est de 2,500,000 habitants, on ne sera pas loin de la vérité en évaluant la

1 D'après le baron de Hübner, la population Israélite du globe ne dépasse pas 6,500,000 âmes.

tribu d'Israël à 45,000 âmes ; elle représente assez exactement les deux tiers de la totalité des juifs vivant en France.

La communauté israélite s'organisa lentement à Paris ; elle semblait rester en défiance vis-à-vis des droits qu'elle était appelée à partager : on eût dit que le souvenir des persécutions subies lui inspirait une prudence qui ressemblait à de la crainte et paralysait son initiative. Elle était, — elle est encore, — divisée en deux classes, que le nombre et la condition rendaient singulièrement inégales. D'une part, quelques personnages exceptionnellement riches, que l'on surnommait avec un peu d'ironie et beaucoup d'envie les hauts barons de la finance, hommes habiles, spéculateurs avisés, maîtres du marché des fonds publics, souscripteurs d'emprunt pour les états souverains, directeurs ou administrateurs des grandes industries, devenus dans la société moderne la puissance que Loustalot a prophétisée, lorsque, après la nuit du 4 août, il a dit : « Cette révolution substituera l'aristocratie d'argent à l'aristocratie de naissance. » D'autre part, une plèbe famélique, vivant de grapillage, offrant des chaînes de sûreté et des pastilles du sérail au long des rues, faisant métier de modèle dans les ateliers, trafiquant de cigares de contrebande qu'elle échangeait contre de vieux habits, marchands de lorgnettes d'occasion, chiffonniers aux environs de la place Maubert, bouquinistes à la porte des collèges, brocanteurs experts à « la ramastique, » revendeurs de vieilles ferrailles, bijoutiers en faux et au besoin receleurs. Entre ces deux extrémités du monde juif s'agitait un groupe composé de coulissiers en quête d'un report, de petits industriels assidus au travail et alertes au gain, de savantasses qui cherchaient à mettre d'accord le Pentateuque et le Talmud, d'artistes souvent admirablement doués et de courtiers dont les services étaient parfois onéreux au commerce inférieur. C'était, on le voit, la force même des choses qui s'imposait et constituait au profit ou au détriment du clan israélite de Paris la division qui s'établit presque naturellement dans toute nation : l'aristocratie et le peuple, avec une caste intermédiaire participant des deux et formant la bourgeoisie, caste mobile, caste de recrutement qui s'élève jusqu'à la première si elle s'enrichit, et retombe dans le second si elle se ruine. Les relations entre ces trois fractions du judaïsme étaient-elles fréquentes ? J'en doute ; une foi commune les animait, le même respect de la tradition des ancêtres, la même espérance dans un avenir enveloppé de ténèbres soutenaient leurs croyances, mais leur milieu social et les intérêts qui les faisaient mouvoir étaient tellement différents que nulle cohésion ne paraissait possible. Ce fut la charité qui donna à la communauté israélite l'union qui lui manquait et en fit une sorte de famille où l'échange du bienfait a créé des liens puissants.

Je crois que le mot charité, avec le sens précis que nous lui donnons aujourd'hui, n'existe pas dans la langue hébraïque, car je ne le découvre pas une seule fois dans l'Ancien-Testament ; en revanche, il est répété soixante-quinze fois dans les Actes et les Épîtres.[1] En faut-il conclure que les anciens juifs ne connurent et n'exercèrent pas la charité avant la dispersion qui suivit le sac de Jérusalem par Titus ? Non, certes ; mais, pour l'exprimer, ils se servaient du mot *zédaka*, qui signifie à la fois justice et bienfaisance ; car pour eux la charité n'était point facultative, elle était imposée comme un devoir aussi rigoureux que la justice : s'y soustraire, c'était manquer à la loi. C'est aussi de cette façon qu'elle a été comprise par Mahomet, qui dans le Coran détermine le taux des aumônes au huitième du revenu. Un israélite n'était donc *zaddik*, c'est-à-dire juste, que s'il était charitable.[2] Le juif qui se conformera aux préceptes de sa religion distribuera en dons secourables la dime, — *maasser*, — de son gain ou de son revenu ; lorsqu'il se mariera, les pauvres recevront de lui le dixième de sa dot. Ce dernier usage semble malheureusement tomber en désuétude, comme si le respect des traditions s'émoussait au contact d'une civilisation parfois trop raffinée ; mais il y a cinquante ans, nul n'eût osé y manquer.

Le premier essai tenté pour réglementer la charité israélite de Paris date du 24 novembre 1809 ; après plusieurs pourparlers entre

1 La Vulgate et les catholiques donnent pour le verset 12 du chapitre X des *Proverbes* : « La haine (*sinea*) excite les querelles ; la charité (*ahaba*) couvre les fautes. » Les Septante traduisent *ahaba* par *amicitia*, Cahen par amour. M. E. Renan, que j'ai consulté, m'a dit qu'en langage moderne l'équivalent de *sinea* est antipathie et d'*ahaba* sympathie. Les rabbins adoptent la version de Cahen ; nul n'admet *charité*.
2 Le doute à cet égard ne parait pas possible : la Vulgate et les Septante sont d'accord pour traduire le premier verset du chapitre VI de l'évangile selon saint Matthieu par : *attendite ne justitiam vestram faciatis coram hominibus*. Bossuet traduit le mot à mot : « Prenez garde à ne pas faire votre justice. » Le Maistre de Saci a donné exactement le sens : « Prenez garde de ne pas faire vos bonnes *œuvres* devant les hommes. » *Zédaka* est donc l'ensemble des actions secourables qui sont prescrites à l'Israélite.

I. — LA COMMUNAUTÉ.

diverses confréries juives indépendantes les unes des autres, et sous l'impulsion du consistoire, on fonda le « comité consistorial de secours et d'encouragement, » dont les membres furent chargés : 1° de soigner les malades pauvres ; 2° de suivre les convois funèbres au nombre de dix ; 3° d'assister, en même nombre, aux prières du matin et du soir ; 4° de laver les morts, de les veiller, de creuser leur tombe. Ce n'était qu'une organisation provisoire, mais il fallut attendre bien des années avant qu'elle fût modifiée d'une façon sérieuse. Le premier acte du comité, en dehors de ses attributions définies, semble avoir eu pour but de prendre possession de l'exercice des droits communs et de réagir contre les ordonnances dont jadis on avait été frappé ; à cet effet, tous les ans, on présentait au consistoire dix enfants âgés de treize à quinze ans, intelligents, aptes au travail, qui, aux frais du comité, devaient entrer « en apprentissage d'arts et de métiers, » et affirmaient de la sorte que l'édit royal du 14 août 1774 n'était plus que lettre caduque. Une autre préoccupation tenait et tient encore le comité en éveil ; par tous moyens, il essaya de détruire la mendicité israélite, qui, à certains jours de fêtes religieuses, encombrait les abords des lieux de prières ; on y réussit mal. En 1828, on étudia théoriquement la question ; on décida de laisser les mendiants en dehors de toute bienfaisance : leur nombre augmenta presque immédiatement, comme s'ils eussent voulu protester contre une mesure hostile à leurs habitudes. Le consistoire rend des arrêtés : « L'indigent malade par suite d'ivresse ou d'inconduite n'a droit à aucun secours ; » peine perdue, la mendicité n'est point le privilège d'Israël, elle est inhérente à toute race et à toute croyance, elle est le produit de la double imperfection de l'homme et de la civilisation ; on a beau la combattre, on ne peut la vaincre, elle persiste et reste maîtresse du terrain qu'on lui dispute : sous ce rapport, les juifs ne sont pas plus habiles que les chrétiens. Partout et toujours il y a eu et il y aura des hommes qui, au gain du travail rémunéré, préféreront les chances de la quémanderie geignarde et de la main tendue. Malgré des efforts qui ne se sont point ralentis depuis près de quatre-vingts ans, le comité israélite ne me parait pas, à cet égard, plus avancé aujourd'hui qu'en 1809.

L'œuvre bienfaisante s'était développée un peu au hasard, d'une façon en quelque sorte empirique, selon des nécessités qui s'imposaient, après des révolutions naturellement accompagnées de chômage, après des épidémies, — choléra de 1832, — qui avaient aveuglément frappé et fait tant d'orphelins. En hâte on subvenait à ces obligations nouvelles, on ne se récusait pas, tant s'en faut, mais on courait au plus pressé, on agissait sans vues d'ensemble, et on ne s'était pas encore constitué de manière à pouvoir parer aux éventualités douloureuses qui sans cesse menacent les tribus de la famille humaine. Ce ne fut guère que dans les années qui précédèrent et suivirent la révolution du 24 février 1848 que la charité israélite se concentra dans une institution spéciale. En 1852, le a comité consistorial de secours et d'encouragement » devint le « comité de bienfaisance, » et procéda méthodiquement à la création des établissements où toutes les manifestations de la souffrance et de la faiblesse peuvent être soulagées. D'une part, l'organisation primitive, qui suffisait à la population juive parisienne de 1809 (3,000), restait impuissante en présence de celle de 1850 (environ 20,000) ; d'autre part, certaines fortunes accrues dans des proportions considérables devaient faire naître une protection plus puissante ; néanmoins, il est possible que l'on eût continué à tâtonner et que l'on fût demeuré dans les étroites limites du début, si un homme de bien et d'intelligence, inébranlable en sa croyance et doué d'une prodigieuse activité, n'eût donné une impulsion déterminée à la charité juive ; il ne suscita pas les bonnes volontés, mais il les disciplina, les régularisa, leur apprit à ne point s'égarer et leur indiqua un but.

Issu d'une famille établie en Alsace, né le 14 septembre 1814, à Presbourg, par le hasard des migrations, il s'appelait Albert Kohn. Obéissant aux lois de l'atavisme on préoccupé de l'avenir de ses coreligionnaires, si durement traités dans les pays musulmans, il étudia de bonne heure les langues orientales et bientôt y devint maître. A Vienne, où il vivait alors, les israélites relevaient d'une section spéciale de la police que l'on appelait « le bureau des juifs ; » cent vingt-quatre familles avaient seules le droit de domicile, nul autre juif ne pouvait résider, même temporairement, dans la ville sans acquitter un droit de séjour onéreux ; toute carrière libérale, sauf celle de la médecine, leur était interdite. Ce fut donc à sa religion qu'Albert Kohn dut de ne pouvoir suivre les cours de l'académie orientale de Vienne. De telles exclusions datent à peine de cinquante ans, et c'est à peine, — heureusement, — si nous pouvons les comprendre aujourd'hui. Albert Kohn en était réduit à aller dans la bibliothèque publique apprendre, à coups de dictionnaires, l'arabe, le sanscrit, le syriaque et le persan. Ce fut le baron de Hammer, que son *Histoire de l'empire ottoman* a rendu célèbre, qui, après avoir entendu le jeune étudiant commenter un passage obscur du Coran, lui dit : « Quittez Vienne, où vous ne ferez que végéter, et allez à Paris, où toutes les portes vous seront ouvertes. » Albert Kohn suivit ce conseil, et, bien muni de lettres de recommandation, il arriva à Paris en 1836. Il entra facilement en relations avec Eugène Burnouf, Quatremère, Reinaud, A. Desgranges, Jouannin ; en leur compagnie, il était au cœur même de l'histoire et des langues orientales ; pendant une année entière, il fut l'unique auditeur du cours de persan professé par Sylvestre de Sacy. Plus tard, parlant de cette époque et de cet enseignement dont il était seul à profiter, il a dit : « J'ai passé là des heures délicieuses.[1] » Sa facilité, du reste, était extraordinaire ; il n'y avait guère, en son temps, que le cardinal Mezzofanti qui eût pu lui disputer le don des langues. Il était d'une ferveur exemplaire ; est-ce dans le Dieu ou dans la race d'Israël qu'il avait foi, je ne sais ; mais il aima son peuple d'une ardeur profonde ; partout où les juifs furent opprimés, il accourut, comme l'ambassadeur volontaire des revendications de la justice et de l'humanité. Dès que de nouvelles persécutions menaçaient le judaïsme, il partait : quatre fois il alla en Orient, apaisant les colères, éclairant les malentendus et rendant ses coreligionnaires à la paix douteuse qu'on leur accordait ; trois fois il les visita en Algérie, en Tunisie, au Maroc. Dans tous les pays d'oppression qu'il parcourut, il fut habile, pressant, et obtint, sinon des concessions, du moins des adoucissements dont profita la communauté des synagogues. Au cours de ses voyages en Orient, dans toute ville possédant un quartier juif, il avait fondé des écoles ; jusqu'à son dernier jour, jusqu'au 15 mars 1877, rien ne ralentit son zèle, et « la Société parisienne d'encouragement au bien, » lui décernant une médaille d'or, peu de temps avant sa mort, put dire avec raison : « M. Albert Kohn est un missionnaire de charité. »

---

1 J'ai emprunté la plupart des faits relatifs à l'influence exercée par Albert Kohn sur la communauté israélite à la *Biographie d'Albert Kohn*, par Isidore Loob, 1 vol. in-18. Paris, 1878 ; et pour la partie historique do cette étude, j'ai consulté avec fruit *le Comité de bienfaisance*, par Léon Kahn, 1 vol. in-18, Paris, 1886.

Maxime Du Camp

Ce rôle, enviable entre tous, il s'en était emparé dès son arrivée à Paris ; car, à peine installé, il s'était mis en quête de la situation des israélites pauvres ; promptement il comprit que pour les arracher à la misère et au vice, qui en est souvent la conséquence, il fallait, en redoublant d'efforts, faire appel aux cœurs généreux. Dès lors, sa voie fut tracée, d'où jamais il ne dévia, et dans la communauté juive il devint le conseiller de la bienfaisance. Quoique un peu brouillon et parfois trop empressé, il la conseilla bien, car c'est en grande partie à lui qu'elle doit son organisation, qui est très forte. Il eut cette bonne fortune d'être attiré par la maison Rothschild, où il fut apprécié à sa valeur, choyé, consulté, écouté. Ce n'est pas tout que de vouloir faire le bien, il faut savoir le faire ; science parfois difficile, qu'Albert Kohn finit par acquérir, car il avait appris à ses dépens que, de toutes les vertus humaines, la charité est celle qui se laisse entraîner à commettre le plus d'erreurs. Trésorier du comité de bienfaisance en 1848, président en 1852, il avait payé sa bienvenue par un don de 20,000 francs, destinés à une caisse nouvellement créée pour faire des prêts aux ouvriers nécessiteux et même des avances de fonds à ceux qui désiraient s'établir. Le capital disparut rapidement et ne fut jamais remboursé : expérience décevante que Napoléon III renouvela plus tard dans des proportions considérables, qui ne produisit aucun bon résultat, et ne suscita que du mécontentement parmi ceux-là mêmes que l'on voulait aider. La présidence d'Albert Kohn fut féconde, car c'est de 1852 que date la constitution à la fois logique et pratique de la charité israélite à Paris. Sa position dans la maison Rothschild le mettait à la source même des bienfaits ; je crois pouvoir affirmer que là nul refus ne repoussa jamais ses demandes, qu'on lui laissait toute initiative, et qu'il lui suffisait d'indiquer le bien à faire pour que le bien fût fait. Il fut aumônier, au sens originel du mot, et comme il excellait à découvrir ceux qui avaient besoin d'aumônes, il était heureux d'exercer la bienfaisance avec ampleur et sans chômage. Il fut souvent prodigue, parce qu'il était autorisé à l'être, et que jamais une observation ne lui fut adressée sur les dépenses dont profitait la misère d'Israël. Des pauvres qu'il allait visiter, des malades qu'il faisait soigner, des affamés auxquels il distribuait la nourriture, il disait : « Ce sont de nos gens ; » locution singulière que j'ai retrouvée dans le judaïsme de tous les pays où j'ai séjourné.

I. — LA COMMUNAUTÉ.

Grâce aux largesses de la maison Rothschild, il établit une sorte d'assistance publique israélite, qui fut comme une administration centrale autour de laquelle rayonnèrent les œuvres dues à l'initiative privée ou fondée à l'aide de souscriptions provoquées. Albert Kohn quêtait pour les malheureux de sa confession ; il connaissait le moment propice, quand les cœurs sont émus par la naissance d'un enfant, par un mariage qui promet le bonheur, par une mort qui fait éclater la fragilité des espérances d'ici-bas. Aux jours de fête, on était presque certain de le voir apparaître : « Pensez à ceux qui souffrent ! » On lui donnait, et le comité de bienfaisance devenait de plus en plus secourable : les recettes, qui étaient de 47,000 francs en 1841, s'élevaient à 212,000 en 1871 ; je crois que ce dernier chiffre est au moins doublé aujourd'hui ; la pauvreté juive n'est pas éteinte à Paris, mais elle est diminuée. Comme autrefois le patriciat romain, l'aristocratie financière israélite a ses clients qui reçoivent la sportule et qui, sans elle, ne vivraient guère. Albert Kohn avait fini par connaître chacun des individus de la troupe famélique qui sans cesse tendait la main vers le comité de bienfaisance ; il ne repoussait que les mendiants de profession, accueillait les autres, ou les dirigeait vers les établissements de commisération, dont il était un visiteur assidu. Mais entre toutes les institutions de charité juive, il s'intéressait de préférence, — sans doute parce qu'il n'y était point resté étranger, — à celles qui portent le nom de fondation de Rothschild, et qu'un décret du 8 avril 1866 a reconnues d'utilité publique. Cette fondation comprend : un service de malades adultes, un service des enfants malades, une maison de retraite pour les vieillards, un hospice pour les incurables, un service de consultations et de distributions gratuites de médicaments aux indigents, un service de secours accordés aux convalescents sortant de la maison. C'est une cité hospitalière ouverte par Israël riche à Israël pauvre, infirme et affaibli par l'âge. On peut la visiter et nous la visiterons tout à l'heure.

II. — L'HOPITAL ET LES HOSPICES.

Aussitôt que le comité consistorial et d'encouragement put fonctionner, c'est-à-dire dès 1800, il s'occupa des soins à donner aux malades israélites ; ceux qui ne pouvaient être traités à leur domicile étaient mis en pension chez leurs coreligionnaires ; car à tout prix on voulait leur épargner l'hôpital, contre lequel ils éprouvaient et ils éprouvent toujours une insurmontable aversion. Y étaient-ils donc malmenés, exclus du bénéfice des règles de la bienfaisance et considérés comme des parias ? Non ; notre administration hospitalière n'a jamais établi aucune distinction entre eux et les autres malades. Ils n'avaient rien à redouter ni des médecins, ni des internes, ni des sœurs desservantes, mais ils étaient astreints à l'alimentation commune, et cette nourriture leur faisait horreur, car elle est impure, et ils ne pouvaient l'accepter sans prévarication. Dans la communauté Israélite, comme en toute communion religieuse, on trouve des sceptiques, des indifférents, des tièdes et des fervents. Ceux-ci, attachés par des liens indestructibles à la foi des ancêtres et à l'observance de LA LOI, se seraient laissés mourir de faim plutôt que de toucher à des aliments préparés en dehors des prescriptions imposées par Moïse ; volontiers ils eussent imité leurs aïeux, dont il est parlé au livre des Machabées, et qui « aimèrent mieux périr que de se souiller de viandes impures, ne voulurent point violer la loi sainte de Dieu et furent tués.[1] » Voilà bien de l'embarras pour une côtelette, dira-t-on ; non pas ; en telle matière, qui ne relève que de la conscience, les minuties même les plus puériles sont respectables, car elles attestent la sincérité des croyances. Toute religion s'est appropriée des notions hygiéniques et les a, jusqu'à un certain point, introduites dans ses dogmes, afin de les rendre obligatoires. Le judaïsme n'a point échappé à cette loi générale. Sorti d'Egypte, campé dans le désert, destiné à vivre en Palestine, il a formulé certaines prescriptions indispensables dans un pays brûlant, inutiles dans un climat tempéré, mais que les israélites observent rigoureusement, qu'ils soient à Jérusalem, à Moscou, à Tunis ou à Paris. Or, parmi ces prescriptions souvent répétées dans l'Ancien-Testament, commentées, développées par le Talmud, celles qui concernent le choix des animaux alimentaires et la façon de les convertir en nourriture, sont péremptoires ; nul ne peut s'y soustraire sans pécher.

Il est dit au Deutéronome : « Vous ne mangerez d'aucune bête morte ; .. — tu ne feras point cuire un chevreau dans le lait de sa mère ; .. — tiens fort à ne point manger du sang, car le sang

---

1 Mach., liv. I, chap. I, vers 63 et 66.

c'est l'âme, et tu ne mangeras point l'âme avec la chair. » C'est Dieu qui parle ainsi à Moïse, et c'est pourquoi toute nourriture ou, pour mieux dire, toute cuisine chrétienne, est en abomination aux israélites. Nous mangeons des animaux abattus ; le juif ne peut, ne doit manger que des animaux égorgés ; aussi la communauté a-t-elle des boucheries spéciales où l'on n'accepte que la viande marquée du sceau du *schohet*, qui est le sacrificateur. Celui-ci n'est pas seulement chargé de se conformer aux rites en mettant à mort les bœufs et les moutons, il doit vérifier si l'animal est *casher* (droit) ou *treipha* (lacéré). Toute blessure, toute fracture, fût-ce celle d'une vertèbre caudale, toute trace de maladie ancienne ou récente, constituent une impureté qui exclut l'animal de l'alimentation juive. Il ne peut en être autrement, car tout animal tué de la sorte est sacrifié, c'est-à-dire mentalement offert à Dieu, auquel on ne doit faire que des oblations irréprochables. Donc, l'israélite obligé de ne se nourrir que de viande *casher* se laissait réduire aux extrémités dernières plutôt que de demander asile aux hôpitaux où la viande *treipha* n'inspire et ne peut inspirer aucune répugnance, car les usages orientaux, imposés au judaïsme et à l'islamisme pour combattre la rapide décomposition d'une chair qui ne serait point exsangue, sont ignorés dans nos pays. Éviter à l'homme croyant d'être contraint par la nécessité de se mettre en contradiction avec sa foi est un devoir pour ceux qui ont charge d'âmes ; le comité consistorial le savait bien ; aussi, dès qu'il eut quelque liberté d'action et qu'il fut sorti de la géhenne où le peuple d'Israël gémissait depuis dix-huit siècles, s'empressa-t-il de chercher le moyen de donner à cet égard toute sécurité à ses malades. On n'était pas riche alors comme on l'est devenu ; la rage de spéculation qui, depuis cinquante ans, s'est emparée de nos sociétés égalitaires et pousse les impies et les croyants de toute communion vers la fortune, n'avait point encore permis aux israélites de profiter de leurs aptitudes. Pour édifier un hôpital et l'ouvrir aux juifs, l'argent manquait.

En 1815, le comité, tout en émettant un vœu pressant et en réclamant la création d'un « asile consacré à l'humanité souffrante, » — ici l'humanité signifie la race d'Israël, — reconnaît qu'à Paris « les gens aisés ne se trouvent pas en grand nombre, tandis que la quantité des pauvres est très considérable. » Le vœu reste stérile, et, en 1820, on se contente d'organiser, vaille que vaille, un service de gardes-malades. Ce n'était qu'un palliatif, et, faute de mieux, il fallut s'en contenter. En 1825, le docteur Cahen proposa au comité consistorial de faire l'acquisition d'une petite maison sise rue Picpus, n° 47, et d'y établir une infirmerie. Cette maison était connue dans le quartier sous le nom de l'Ermitage ; je crois ne pas me tromper en disant que Millevoye l'habita, que Théaulon en fut propriétaire, et que Boïeldieu y composa la musique du *Petit Chaperon rouge*. La négociation resta pendante et ne put aboutir, car il ne fut pas possible de réunir l'argent nécessaire à l'acquisition et à l'aménagement. On se traîna pendant longtemps de projet en projet sans parvenir à en réaliser aucun. On crut avoir trouvé une sorte de moyen 'terme qui, sans être trop onéreux, permettrait d'épargner aux juifs les inconvénients que leur imposaient les hôpitaux ordinaires. On demanda au préfet de la Seine de céder deux chambres dans un hôpital à la communauté Israélite, qui les meublerait et y ferait soigner — et nourrir — ses coreligionnaires. M. de Rambuteau émit un avis favorable ; mais le conseil des hospices, tout en protestant de sa tolérance pour les cultes reconnus, refusa de ratifier la décision préfectorale. Ceci se passait en 1836, et on se retrouva dans l'embarras d'où l'on ne pouvait sortir depuis 1809. J'imagine, sans le savoir d'une façon positive, que c'est l'intervention, que c'est le zèle d'Albert Kohn qui dénoua les difficultés.

Au mois de janvier 1841, le comité fit un effort, réunit des souscriptions et put louer une maison rue des Trois-Bornes ; les travaux d'appropriation exigèrent plus d'une année, et ce fut seulement à la date du 1ᵉʳ avril 1842 que les salles, contenant ensemble douze lits, purent s'ouvrir aux malades. Douze lits pour répondre aux exigences de deux mille indigents inscrits sur les registres du consistoire, c'était bien peu ; mais l'effet fut considérable, car on accentuait ainsi la volonté de donner aux juifs malades la sécurité morale qui leur manquait dans nos hôpitaux. Nulle cérémonie extérieure, nulle inauguration solennelle ne sollicita l'attention publique, que l'on sembla, au contraire, prendre à tâche d'éviter. On eût dit qu'encore à cette époque, le judaïsme n'avait point abandonné les habitudes de mystère derrière lesquelles on l'avait refoulé pendant si longtemps. L'exiguïté de la maison était telle que l'on fut obligé de n'y admettre que des adultes atteints de maladies aiguës et que l'on repoussa les malades frappés des affections que l'on traite dans des établissements spéciaux. En somme, c'était plutôt une ambulance qu'un hôpital, et l'on ne tarda pas à reconnaître qu'elle n'était pas en rapport avec une population qui s'accroissait de jour en jour. On voulait s'agrandir, on désirait acheter un terrain situé rue de Ménilmontant et y construire un bâtiment de dimensions plus amples et plus généreuses. Des pourparlers furent échangés à ce sujet, en 1846, et le consistoire était préoccupé de trouver les moyens de mener son projet à bonnes fins, lorsque James de Rothschild fit savoir qu'il avait l'intention de fonder une maison de secours exclusivement réservée à ses coreligionnaires. Il n'est que de prêcher d'exemple : à culte nouvelle, les israélites riches de Paris se sentirent saisis d'émulation ; ils voulurent, eux aussi, prendre part au bienfait, et s'empressèrent d'apporter leurs offrandes au consistoire, qui se donna garde de les refuser. Il faut reconnaître que les circonstances avaient singulièrement favorisé le développement des fortunes financières et industrielles. Le réseau des voies ferrées que l'on venait de jeter sur la France, l'application de la vapeur aux usines, avaient fait naître une prospérité à laquelle la haute banque avait largement contribué tout en en profitant. Comme noblesse, richesse oblige ; plus Israël s'était enrichi, plus il s'était montré bienfaisant. L'époque n'était plus où il pouvait dire avec sincérité : « Les gens aisés ne se trouvent point en grand nombre, » et où, parlant de James de Rothschild (1828), il se contentait de le noter comme : « banquier estimé, Israélite recommandable. » Le « banquier estimé » était devenu l'un des potentats du marché européen, et sa situation exceptionnelle en faisait le protecteur de ses coreligionnaires ; loin d'hésiter devant ce rôle, il l'accepta avec ardeur, s'en montra digne et le transmit à ses enfants, qui n'ont point répudié l'héritage.

James de Rothschild acheta, rue Picpus, un terrain contenant à peu près 13,000 mètres superficiels, et y fit construire un hôpital. Par un acte en date du 7 avril 1852, il en faisait don au consistoire de Paris, à la condition que cette fondation serait à perpétuité destinée à recevoir des malades et des vieillards israélites. Cette fois, l'inauguration n'eut rien de mystérieux : le ministre des travaux publics, qui était M. Lefèvre-Duruflé ; le préfet de la Seine, qui était M. Berger ; le directeur des cultes dissidents, qui était M. Charles Read, assistèrent à la cérémonie et lui donnèrent un caractère officiel. Selon l'usage, on prononça quelques discours et l'on souhaita toute prospérité au nouvel établissement ; ces vœux lui ont porté bonheur, car depuis ce jour, depuis le 26 mai 1852, il s'est dilaté dans de vastes proportions. Six semaines après, le 2 juillet, l'hospitalette de la rue des Trois-Bornes était fermée, après avoir, en l'espace de dix ans, abrité et soigné 1,374 malades ; on voit que ses douze lits avaient fait bon service. Au mois de septembre 1853, la nouvelle maison était complète, on le croyait du moins, car elle contenait deux divisions, celle des malades adultes, — 46 lits, et celle des vieillards admis au repos, — 34 lits. Il nous suffira de la visiter avec quelque détail pour constater l'importance des développements successifs dont elle a profité.

Elle s'ouvre dans la rue Picpus, rue excentrique, allongée entre la place du Trône et le bastion numéro 5, rue paisible, presque déserte, où les nourrisseurs ont installé leurs étables, que côtoient des congrégations religieuses, des asiles d'aliénés, et des établissements attirés par le bas prix des terrains. J'y compte deux maisons de santé, l'hospice d'Enghien, les dames des Sacrés-Cœurs, que la commune enferma à Saint-Lazare, le cercle catholique des ouvriers du faubourg Saint-Antoine, les religieuses de la Mère de Dieu, les sœurs du Sacré-Cœur de Marie, les petites-sœurs des pauvres, les sœurs du Rosaire, les dames de l'Adoration perpétuelle, qui ont la garde du cimetière particulier où, depuis 1793, les Montmorency, les La Fayette, et les Noailles ont leur sépulture. Ce cimetière particulier est ce qui reste du cimetière de Picpus, que la première commune de Paris avait fait ouvrir non loin de la guillotine permanente, qui travaillait près de la barrière du Trône ; un décret du premier empire en concéda la propriété aux familles dont les ascendants y avaient été enterrés, après avoir été exécutés par ordre du tribunal révolutionnaire. L'histoire de cette rue serait à écrire et serait féconde. A l'heure où je l'ai parcourue, les portes des maisons étaient closes ; son aspect monacal et sa tranquillité contrastaient avec le tumulte de la grande ville, qui bruissait au loin.

Je suis entré dans l'hôpital Israélite, dont le vestibule est éclairé par un demi-jour discret qui semble inviter au silence. Un double escalier, sur le palier duquel se détache le buste du fondateur, conduit aux salles réservées aux malades. Les chambrées sont larges, très aérées, bien aménagées ; mais certains couloirs trop étroits, certains passages presque obscurs sont l'acte de naissance de l'hospice : 1851 ; les percées Haussmann dont nous jouissons aujourd'hui avec gratitude, et qu'il était de bon goût de maudire autrefois, n'avaient point encore, en multipliant les constructions, enseigné aux architectes l'art des distributions ingénieuses. Néanmoins, les salles sont de bonnes dimensions, et si quelques inconvénients se produisent, c'est dans les annexes du service principal. Pas d'infirmiers, mais des infirmières, ce qui est excellent : la femme est plus compatissante, plus sobre, plus maternelle que l'homme, elle est bien à son office au chevet de la souffrance, et la créature malade, quel qu'en soit le sexe, l'émeut et lui obéit volontiers. Les 46 lits du début se sont multipliés, car aujourd'hui j'en compte 134, distribués en trois divisions séparées, occupées par les hommes, les femmes et les enfants.

On me parait très hospitalier dans cette maison et l'on n'y redoute pas les séjours prolongés auxquels les hôpitaux cherchent ordinairement à se soustraire. Dans un lit placé près d'une fenêtre, j'aperçois un homme éclairé en pleine lumière ; sa barbe d'un noir bleuâtre, le teint de son visage qui rappelle la patine des bronzes florentins, la sclérotique de ses yeux éclatante et nacrée, lui donnent l'aspect d'une idole des pays primitifs. Je lui parle, il ne me comprend pas : il arrive des côtes du Malabar et ne sait que des idiomes qui nous sont inconnus ; il baragouine quelques mots d'anglais, il peut réciter ses prières en hébreu, et c'est tout. Sa main repose sur les draps et ressemble à une main de momie qui a longtemps trempé dans le bitume. On n'a pas eu à l'interroger sur son mal, qui se dénonce de lui-même par ses ongles bombés et de cette forme hippocratique que les médecins connaissent bien ; le pauvre homme est tuberculeux, la phtisie le dévore, lente ou rapide, nul ne peut le deviner, mais dût-elle le garder là pendant des mois et pendant des années, il y restera ; car ici l'hôpital ne rend ses malades que guéris ou morts ; celui qui souffre lui appartient, et il ne s'en sépare pas aux heures de la convalescence pour faire place à d'autres. Une fois de plus, je répéterai que le système hospitalier de l'assistance publique est très bon ; mais il est insuffisant, il ne peut répondre à toutes les exigences qui l'assaillent. Parfois il est obligé de se montrer cruel et de fermer ses portes, même quand il sait qu'il devrait les ouvrir, car on pourrait doubler le nombre de ses lits ayant qu'il pût accueillir tous ceux qui l'invoquent.

L'Indou poitrinaire que j'ai remarqué dans la salle des hommes m'a paru être le seul malade gravement atteint ; les autres avaient figure de convalescents et lisaient des journaux qu'ils font acheter, ou les livres que leur prête la bibliothèque assez bien munie de la maison. Dans la division des femmes, on hospitalise aussi les maladies lentes, et si longues, si longues, qu'elles ne se terminent qu'avec la vie. Une femme jeune encore est étendue ; sous ses cheveux noirs, son visage, qui ne manque point de grâce, est d'une pâleur mate et profonde ; nulle apparence de sang sous cette chair épuisée ; le sourire est très doux et le regard presque joyeux : on y lit l'espérance. Des yeux j'interroge l'infirmière, qui me répond : « Carcinome. » Le mot est-il donc prétentieux ? Nullement ; il m'a touché, car il est empreint d'humanité. La malade n'a pu le comprendre, n'en connaît pas la signification, tandis qu'elle n'ignore pas celle du mot cancer. Elle est charmante, cette infirmière, avec un beau type oriental qui rappelle les histoires de Salomon. Je m'aperçus que, tout en continuant ma visite, je fredonnais mentalement un duo d'Halévy : « Ou juive ou chrétienne ; » heureusement je passai devant un miroir qui me montra mon image : cela me permit de me rire au nez et coupa court à la mélodie.

Non-seulement on admet les cancérées, mais voici une névropathe dont les souffrances peuvent se prolonger indéfiniment. Elle est assise auprès de sa couchette et lit. Elle a vingt et un ans, elle est blonde, fraîche, avec de jolis yeux bleus et de petites fossettes à ses joues roses. Je lui parle, elle rit aux éclats. « Vous avez bien raison d'être gaie, c'est le moyen de mettre le mal en fuite. » Elle répond : « Ah ! monsieur, j'ai tant envie de pleurer. » Je n'avais pas fait trois pas qu'un sanglot déchirant me faisait retourner. La tête sur ses bras appuyés à son lit, elle était secouée par le spasme, son pauvre petit corps tremblait, elle se renversait en arrière et criait douloureusement. Sa plainte est celle de la souffrance atroce et diabolique, qui est partout sans être nulle part, qui est intangible, brise l'âme et ne touche point à la chair : rien n'est à faire, il faut laisser la crise s'épuiser d'elle-même. Tant de jeunesse, de force apparente, et ne pouvoir dominer l'angoisse qui saisit l'être tout entier ! J'étais déjà dans les corridors que les cris de la pauvrette me poursuivaient encore et me faisaient penser aux lamentations de la fille de Jephté.

L'étage supérieur de la maison est consacré aux enfants ; ils y sont en nombre, frêles, attendrissant à regarder, avec ces mines résignées que l'on est toujours attristé de voir à cet âge ou tout devrait être animation et sourire. Ils sont si petits que l'on est surpris de ne pas voir la nourrice à leur chevet ; leurs lits sont plus grands que des berceaux, mais guère plus. L'un d'eux, plus âgé que les autres, est atteint de coxalgie ; voilà déjà bien des mois qu'il est immobilisé sur sa couchette ; pendant longtemps il y restera encore, peut-être n'en sortira-t-il que déformé et boiteux comme fut Jacob. J'avise une petite fille aveugle de cinq à six ans, très blonde ; ses yeux voilés d'une taie épaisse l'ont enfermée dans les ténèbres ; dès qu'on l'approche, elle tend les mains avec une sorte de tendresse qui semble solliciter la protection. Elle est Russe de naissance ; elle a été apportée en France par sa mère, qui fuyait les persécutions slaves et qui l'a abandonnée avant d'avoir été naturalisée Française. Il en résulte que l'enfant ne peut trouver place dans un établissement destiné aux aveugles, et qu'elle reste en charge à l'hôpital israélite, qui n'est point outillé pour lui donner l'enseignement approprié à son infirmité. C'est grande pitié de la voir : ni famille, ni lumière, ni instruction. Pourquoi le mauvais sort s'est-il acharné sur elle, et que deviendra-t-elle dans la vie, si quelque bonne âme n'en prend soin et ne paie sa pension à l'institution Braille ?

Des chambres isolées, sans communication possible avec les salles, sont réservées aux enfants frappés de maladies contagieuses : rougeole, scarlatine, diphtérie ; mais, si bien combinées que soient les précautions, on ne les a pas jugées suffisantes, et M. Alphonse de Rothschild a fait l'acquisition d'un terrain de 3,000 mètres, mitoyen à l'hôpital qui porte le nom de sa famille. C'est un jardin qui souriait au printemps, lorsque je l'ai visité ; les arbres n'y sont pas jeunes, et leur ombrage s'étend sur les restes d'une grotte en rocaille, près d'une butte qui doit avoir été jadis un labyrinthe et en face d'une maison qui eut de la célébrité. Au siècle dernier, à l'époque où le village de Picpus n'avait pas encore été soudé à Paris par le mur d'enceinte commencé en 1782 et terminé en 1803, cette maison de campagne était celle de Mlle Clairon, que les mauvaises langues avaient surnommée Frétillon. C'est là qu'elle échangeait avec Marmontel ses idées sur l'art dramatique en commentant l'art d'aimer ; c'est là sans doute qu'elle reçut l'épître de Voltaire :

Toi que forma Vénus et que Minerve anime !

et c'est de là que, malgré sa cinquantaine bien sonnée, elle partit pour aller gouverner le margraviat d'Anspach. De cet « asile champêtre, » où « les jeux et les ris » s'empressaient autour de « la fille de Melpomène, » il ne restera bientôt plus qu'un souvenir constaté dans des actes de propriété. La maison sera jetée bas, et à la place on élèvera des pavillons exclusivement destinés à recevoir les enfants atteints de maladies transmissibles. Ce sera un grand bienfait, un bienfait de plus à inscrire au compte des fondateurs et des protecteurs de l'hôpital. La place est bonne, bien choisie, entourée d'arbres qui versent la fraîcheur et chassent les épidémies. On ne saurait trop développer le système de l'isolement : l'idéal serait que chaque espèce de maladie eût son hôpital particulier. C'est un rêve, je le sais ; mais il n'est pas mauvais parfois de rêver tout éveillé.

Lorsque les enfants, en traitement dans leur division spéciale, sont reconnus scrofuleux ou anémiques, ce qui n'arrive que trop fréquemment pour les rejetons de la population pauvre de Paris, on les envoie au bord de la mer, à Berck, dans une maison hospitalière qu'ont fondée, que possèdent et qu'entretiennent MM. Edouard et Arthur de Rothschild, en mémoire de leur père Nathaniel. C'est une propriété particulière, un établissement privé exclusivement attribué aux enfants israélites et situé non loin du grand hôpital bâti par l'assistance publique du département de la Seine. En vérité, l'on ne peut mieux faire, et la petite communauté juive, servie, guidée par des familles dont la bienfaisance est opulente, semble, comme un état dans l'état, s'être constituée en gouvernement indépendant et charitable pour porter plus efficacement secours aux infortunes dont son peuple est frappé. La richesse rend tout facile, certes, mais à la condition qu'elle ne se ménage pas et qu'elle donne spontanément la dîme, — le *maasser*, — aux malheureux.

Les services que l'hôpital israélite a rendus et rendra seront appréciés par ce fait que depuis sa création, — 5 juillet 1852, — jusqu'à ce jour, — 1er mai 1887, — il a reçu, hébergé, soigné 31,956

II. — L'HOPITAL ET LES HOSPICES.

malades. On ne se contente pas de les admettre dans les salles, on donne des consultations gratuites où toute communion est admise, sans distinction d'origine. Les gens du quartier en profitent avec d'autant plus d'empressement que les médicaments prescrits, préparés à la pharmacie abondamment fournie de la maison, ne leur coûtent pas plus cher que la consultation. Les consultants sont si nombreux, ils encombrent tellement les salles qui leur sont réservées, que l'on s'est vu contraint, pour sauvegarder le service de l'hôpital proprement dit, de les limiter au chiffre quotidien de quarante. Cette organisation est postérieure à celle de l'hôpital et ne date en réalité que de 1858. Depuis cette époque, 205,110 consultations ont été données ; les israélites, fort disséminés dans le XIIe arrondissement, n'en ont profité que dans la proportion de 3 pour 100. Une fois le service de l'hôpital assuré et celui des consultations terminé, la besogne des internes n'a pas pris fin, car ils ont reçu de leurs devanciers et accepté la charge d'aller dans ces quartiers populeux visiter les malades indigents qui répugnent à entrer dans les salles hospitalières ou qui n'y ont point été admis faute de place. Dans ce cas, c'est encore la pharmacie de l'hôpital Picpus qui fournit les médicaments. Si l'hôpital est exclusivement destiné aux israélites, il ne s'ensuit pas qu'il reste obstinément fermé aux malades des autres religions ou de la libre pensée. Tout individu victime d'un accident sur la voie publique est accueilli : jamais on ne se refuse à ce que le langage technique appelle l'urgence ; le nombre des malades reçus de la sorte représente 4 pour 100 du total général. On est très libéral et généreux à leur égard. Sur leur demande ou sur celle de leurs familles, ils sont assistés par les sœurs de charité ou par les prêtres de leur paroisse. Bien plus, en cas de décès, c'est la caisse, — la caisse israélite — de l'hôpital, qui pourvoit à tous les frais de la taxe municipale, du service religieux et du convoi. Ceci démontre à quel point est poussé le principe de la gratuité dans cette maison. Lorsqu'un malade guéri la quitte, il n'est point abandonné ; on admet que la faiblesse peut subsister encore, que la convalescence n'a pas fait place à une santé solide. Deux fondations spéciales permettent de prolonger le repos et de ne pas être immédiatement ressaisi par la nécessité de pourvoir aux besoins de l'existence : l'une (Betty de Rothschild) est destinée aux personnes qui ont séjourné moins de quinze jours à l'hôpital ; le secours varie de 5 à 10 francs ; l'autre (André-Gustave de Rothschild) s'adresse aux malades que l'hôpital a gardé plus de deux semaines ; la somme à laquelle ils ont droit oscille entre 25 et 100 francs. Donc le système de bienfaisance hospitalière est complet, et j'ajouterai irréprochable.

Cet hôpital, que créa James de Rothschild, qu'entretiennent le revenu des valeurs qui lui ont été attribuées et une subvention annuelle d'environ 80,000 francs fournie par la communauté israélite de Paris, communique, à travers un jardin, avec l'hospice des Incurables. C'est une fondation particulière due à Mme James de Rothschild, qui l'a fait construire, a pourvu aux frais d'installation et a légué une rente de 800 francs à chaque lit. La maison, telle qu'elle est aujourd'hui, a été inaugurée le 15 novembre 1877, au jour anniversaire du décès de la bienfaitrice dont la générosité a permis d'hospitaliser soixante-dix infirmes incapables de gagner leur vie et accablés par ces maux incompréhensibles qui mettent l'homme de pair avec la brute. La matière n'est point décomposée, c'est tout ce que l'on en peut dire ; elle souffre, elle se déforme, elle subit toutes les exigences animales, mais le plus souvent rien ne l'éclaire, et l'âme qu'elle renferme semble s'être endormie derrière les brouillards qui l'ont enveloppée. Là j'ai retrouvé le lamentable troupeau des incomplets, voitures dans de petits chariots, se traînant sur des béquilles, amputés de quelques membres par les scrofules, ankylosés par la goutte, qui apparaît sur leurs mains en soulèvements crayeux ; à les voir inutiles à eux-mêmes, incommodes aux autres, exclus de la vie réelle et repoussés dans les limbes de toutes les infériorités, il est impossible de ne point penser aux êtres charmants, aimés, indispensables, qui sont partis trop tôt, et de ne point se révolter contre la férocité de la nature. Il est, ici-bas, plus d'une énigme cruelle, et celle-là n'est pas la moindre. Soixante-dix malheureux, dont trente-trois hommes et trente-sept femmes, vivent là à l'abri de tout péril, bien nourris, bien logés, bien couchés, bien nettoyés et dans la liberté relative qu'autorise leur état. Un personnel de dix infirmières et infirmiers, conduit par une infirmière en chef qui me parait fort experte, en prend soin. Leur préau est un jardin garni de bancs où ils vont chauffer leurs infirmités au soleil et se traîner au grand air lorsque le temps le permet. Aux jours de temps maussade, ils se tiennent dans des galeries percées de larges haies par où pénètre la clarté, car on sait que ces vieilles plantes humaines contournées et biscornues ont besoin de lumière pour ne point tomber en langueur. Çà et là, sur les murailles, quelques champignons de bois font saillie : ce sont les pointe de repère à l'aide desquels les aveugles peuvent se guider.

La salle de bains est aménagée d'une façon presque luxueuse et munie d'appareils spéciaux, très bien combinés, dont l'usage est fréquent, pour ne pas dire incessant, car ils sont destinés aux infirmes, dont certaines fonctions s'exercent malgré eux et comme à leur insu ; la moitié au moins des pensionnaires est réduite à cette abjection ; il faut les surveiller de près et les changer de langes comme des enfants nouveau-nés. Les dortoirs sont vastes, avec un cube d'air suffisant et des lits sagement écartés les uns des autres ; il est rare que le repos y soit troublé, car l'hospice n'admet point les épileptiques, qui sont une cause d'accidents pour les autres comme pour eux-mêmes. Les plus ingambes de ces pauvres êtres sont logés au premier étage ; l'escalier est muni d'un « chemin » en sparterie qui permet d'éviter les chutes, précaution excellente que je voudrais voir appliquée dans toutes les divisions de ce groupe de constructions hospitalières, car les escaliers en bois de chêne, cirés, luisants, glissants, sont périlleux pour les malades, les incurables et les vieillards. Un moment attendu toujours avec impatience est celui des repas, qui se prennent dans un réfectoire lambrissé, muni de tables en marbre, outillé de vaisselle d'étain et que préside l'infirmière en chef, chargée de distribuer les portions. L'ordre est parfait et la propreté vraiment supérieure ; on dirait qu'à cet égard on y met une coquetterie qui ressemble à une protestation contre une opinion accréditée.

La paralysie, la cécité, la myélite, l'hémiplégie, l'arthrite persistante, ont envoyé là leurs victimes, au milieu desquelles on compte sept ou huit idiots dont la face hébétée rit et pleure sans motif ; les idiotes se dandinent avec des grâces de chien savant, les idiots sont plus refrognés. Les unes et les autres ne parlent guère ; ils grognent, ils geignent, ils gloussent, ils ont des mouvements circulaires de la tête qui rappellent ceux des oiseaux de nuit. L'un de ces malheureux frappés d'imbécillité est accablé de rhumatismes ; il est barométrique : lorsqu'il se plaint, étire ses membres et se débat contre des souffrances qu'il éprouve sans les pouvoir exprimer, on peut prendre un parapluie pour sortir, car l'ondée ne va pas tarder à tomber. Je n'aperçois pas un seul cul-de-jatte ; en revanche, voici un homme qui n'est pas vieux et que l'ankylose a saisi ; elle lui a pour ainsi dire pétrifié les articulations coxo-fémorales, et il ne peut marcher qu'à quatre pattes ; les cuisses et les jambes étant naturellement plus longues que les bras, son dos forme un plan très incliné qui lui ôte même l'apparence d'un animal. Pour l'asseoir, on le met d'aplomb, appuyé, — calé, — d'un côté contre la muraille ; si on le pousse, il tombe tout d'une pièce, raide, inflexible comme un mannequin en bois. Il n'est pas triste, il a le mot pour rire, il aime la vie. Grand bien lui fasse ! Près de lui se tient un grand gars solide, dont les larges épaules semblent indiquer la force ; il est réduit à l'impuissance par une contracture des mains, que l'on n'ouvrirait pas plus que celles des statues de bronze ; il ne peut agir qu'à poings fermés, ce qui le condamne à l'inaction. Dans un angle de la galerie, un homme très jeune est réfugié, comme s'il évitait ses compagnons et recherchait la solitude ; il est vêtu d'une blouse bleue et porte une calotte de soie noire rabattue jusque sur ses sourcils. Au bruit de nos pas, il ne s'est point retourné ; il lèche l'index de sa main droite, l'examine attentivement et le passe sur l'index gauche, puis il recommence ; parfois il interrompt son geste maniaque, regarde le plancher, y découvre un grain de poussière, un fragment de paille, une plume échappée d'un oreiller ; alors il se baisse, ramasse cette scorie oubliée par le balai du nettoyage, la saisit rapidement, la porte à sa bouche et l'avale en souriant avec satisfaction. On peut lui appliquer ce que le Psalmiste a dit des idoles qui ont des bouches et ne parlent pas, des oreilles et n'entendent point. Il est sourd, il est muet, et, par surcroît, il est idiot. Malgré sa cervelle obtuse et privée d'entendement, je crois que, s'il a traversé la maladrerie de Bicêtre, il a su apprécier la maison qui l'a recueilli.

Elle est de dispositions ingénieuses, cette maison, bien appropriée à son objet et faite pour des incurables ; on voit qu'elle a été conçue et exécutée dans un dessein déterminé, et qu'elle n'a pas été utilisée, vaille que vaille, comme tant d'autres établissements de même nature que l'on a installés dans d'anciens couvents et d'anciens châteaux. L'art des aménagements a réalisé de grands progrès depuis une trentaine d'années ; cet hospice suffirait à le démontrer et fait honneur à M. Aldrophe, qui l'a élevé, mais qui s'est surpassé en construisant la maison de retraite où les vieillards reçoivent l'hospitalité définitive. C'est le modèle du genre. Dans toutes les œuvres analogues que j'ai étudiées, — municipales, laïques, religieuses, — je ne vois rien qui lui soit comparable. Elle est exceptionnelle. Elle est le produit d'une minorité riche qui a voulu affirmer son amour du bien et le souci qu'elle a d'elle-même. Elle a été bâtie pour remplacer la division consacrée, dans le principe, aux vieillards, et qui rapidement était devenue insuffisante. Quoique fondée en grande partie par la famille de Rothschild, elle n'en reste pas moins, comme l'hôpital, entretenue par les souscriptions que recueille le comité de bienfaisance Israélite. Ses débuts, par suite des circonstances désastreuses que notre pays traversait, se manifestèrent en dehors de la communauté juive ; ils furent patriotiques et d'un intérêt général. La maison venait d'être terminée, on commençait à la meubler, mais nul vieillard n'y avait encore été admis, lorsque éclata la guerre de 1870. Au milieu du mois de septembre, Paris était investi, l'ennemi battait l'estrade à nos portes, les combats d'avant-postes étaient fréquents et précédaient les batailles décevantes ; la guerre faisait son office et blessait les hommes, en attendant que la famine aidée par le froid les décimât. La maison fut bientôt convertie en ambulance, on installa des lits, on fit provision de linge à pansement et l'on se tint prêt à venir en aide aux combattants ; Israël arbora la croix rouge et ne s'épargna pas. Après la période d'investissement vinrent la révolte, la commune, le siège, les luttes impies, les incendies, les massacres ; ouverte à tous, la maison reçut, en ces heures exécrables, quatre cent quatre-vingt-trois malades et blessés dont le séjour, la nourriture et le traitement n'appauvrirent ni la caisse de la municipalité ni celle de l'état, car tous les frais de cet hôpital militaire improvisé furent supportés par l'administration consistoriale israélite de Paris. Rendue à sa destination primitive, la maison était pleine, lorsque je l'ai visitée, au mois de mai dernier, et les quatre-vingt-six lits qu'elle contient étaient occupés. Suffisent-ils à la population juive indigente et caduque ? Non pas ; en ce moment, plus de cent postulants, dont un tiers d'octogénaires, frappent à la porte et attendent.

Un énorme promenoir couvert, prenant jour sur le jardin, abrite les pensionnaires et leur permet l'exercice lorsque le mauvais temps les retient au logis. Nulle séparation entre les sexes ; le promenoir, comme le préau, est commun aux hommes et aux femmes ; on peut causer ensemble du a bon vieux temps, » se rappeler les heures de sa jeunesse et revivre son passé en le racontant. Les vieux Manassès ramassent la canne des vieilles Salomé, et l'on échange des prises de tabac sympathiques. Chante-ton le Cantique des cantiques ? j'en doute ; les Sulamites ne pourraient plus dire : *Sum nigra sed formosa* ; je les ai trouvées blanches, ridées et d'une beauté contestable ; quant aux a bien-aimés, » il m'a semblé qu'ils n'étaient semblables ni aux chevreuils ni aux faons des biches. Les a-t-on célébrés autrefois : « tour d'ivoire et tour du Liban ? » Qu'importe ! Je les regarde aujourd'hui, inclinés par l'âge, décrépits, comptant les jours qui leur restent à vivre, mais de bonne tenue, proprets, empressés à saluer ; les hommes fraîchement rasés, les femmes portant des bonnets d'où tout vestige de coquetterie n'a point disparu. Dans ce milieu où les meubles reluisent, où les parquets sont éclatants, où les pensionnaires semblent sortir de leur cabinet de toilette, ma pensée se reporte malgré moi au temps de mes voyages en Orient.

Je revois Hébron, le quartier juif de Jérusalem, Safeth, qui fut Bétulie, et je me rappelle mon séjour à Tibériade, dans cette ville si encombrée d'immondices, si repoussante de saleté, que j'allai dormir dans la cellule d'un ancien bain abandonné. Les israélites de toute provenance semblaient s'y être donné rendez-vous dans les masures qui bordent le lac ; il en était venu d'Algérie, de Russie, d'Allemagne, de Pologne. Vêtus de souquenilles apportées des pays d'où ils émigraient, coiffés du bonnet de fourrure, du vieux chapeau effondré ou de la calotte noire, couvert de houppelandes, de redingotes à brandebourgs ou de robes orientales serrées de la ceinture de laine, ils figuraient un Ghetto universel où toutes les misères sordides se seraient réunies. Maîtres de la petite ville, sans autre surveillance que la leur, toujours menacés par les incursions des Arabes marandeurs, exposés à toutes les vexations musulmanes, ils vivaient là, dans la métropole des ordures, parmi la vermine, au milieu du bourdonnement des mouches, en présence d'un admirable paysage, en marge d'un lac qui ne leur servait pas aux ablutions et dont ils ne savaient pas profiter, car

II. — L'HOPITAL ET LES HOSPICES.

je n'y aperçus qu'une barque incapable de contenir plus de trois personnes. Ces pauvres êtres, sans souci d'eux-mêmes, étaient si différents de ceux que je voyais dans cet asile de la vieillesse, que je me suis demandé s'ils étaient de la même race, et que j'ai admiré les miracles que peut accomplir le contact de la civilisation. En cette maison, la civilisation est représentée par le directeur, M. Weill, ancien interne de nos hôpitaux, qui a la haute main sur les trois établissements contigus et qui, en matière d'hygiène ou de soins méticuleux, ne tolère pas une négligence. On peut, comme je l'ai fait, pousser les portes les plus secrètes, on reste surpris et presque reconnaissant d'une propreté à laquelle d'autres institutions similaires ne nous ont point accoutumés.

Des salles qui font à la fois office de fumoir et de salon de conversation reçoivent les plus valides au cours de la journée. On s'y défie sur le damier, on agite les dés dans les cornets du jacquet, on se passionne pour les parties de dominos à quatre, et le temps passe. On ne tolère point les cartes, ni pour les jeux de hasard, ni pour les jeux de commerce : c'est le bon moyen d'empêcher les querelles et d'empêcher ces vieilles gens d'en venir aux mains ou aux béquilles. On cause avec animation dans les fumoirs, où il y a beaucoup de pensionnaires ; dehors, le temps est dur, froid, avec des rafales de pluie et de grêle, aussi est-on resté à l'abri, à la chaleur, et n'a-t-on pas profité de la liberté, qui est la règle de la maison. Chaque jour, les portes sont ouvertes de huit heures du matin à huit heures du soir : sort qui veut ; hospitalité et captivité sont deux mots de signification différente ; on le sait à la direction, où l'on ne refuse jamais l'autorisation de prolonger l'absence, lorsque l'on croit que nul inconvénient n'en peut résulter pour le vieillard. Là tout est paternel et très adjuvant ; on ne serait pas exagéré en disant que l'on s'est efforcé de constituer la vie de famille, ce qui, malgré le nombre restreint des pensionnaires, n'est pas toujours facile. Un oratoire est commun aux trois maisons ; est-on astreint aux services religieux et y exige-t-on de l'assiduité ? je ne l'ai point demandé, mais je crois flue là on n'ignore pas le proverbe russe qui dit : « On peut vivre sans père et sans mère ; on ne peut pas vivre sans Dieu. »

Lorsque j'ai traversé le réfectoire, on mettait le couvert pour le repas prochain. Ici plus de plats ni de gobelets d'étain, comme pour les incurables, que leur maladresse et leurs mouvements désordonnés condamnent à l'usage des objets peu fragiles : vaisselle de porcelaine, verres en cristal, couverts d'alfénide ou de ruolz. Devant chaque place, un carafon de vin joyeux, contenant un demi-litre, qui est la consommation de la journée ; je remarque, sans étonnement, que les carafes d'eau sont rares. Au-dessous de la suspension qui porte les becs de gaz, on a fixé une sorte de petite roue horizontale percée de sept trous et que l'on peut atteindre de la main. Le vendredi soir, à l'heure où commence le repos du jour consacré, les vieilles et les vieux ne laissent à nul autre la joie d'en faire jaillir sept lumières, en vénération de la parole du Dieu qui, dans l'Exode, a dit à Moïse : « Tu feras les sept lampes. » Dans les églises, dans les temples, dans les synagogues, on substitue le gaz à l'huile et à la cire ; c'est une économie ; est-ce un progrès ? A quand la lumière électrique ? Je ne me la figure pas brillant aux côtés du tabernacle et élevée à la dignité de cierge pascal.

La distribution de la maison a été si bien ordonnée que chaque pensionnaire a sa chambre à lui, pour lui seul, c'est-à-dire une retraite dont il est le maître, où il peut se réfugier, où nul n'a le droit de venir le troubler, où il se repose, rêvasse, se souvient quand bon lui semble. Cela est inappréciable et constitue un bienfait de premier ordre. Elles sont charmantes, ces chambres, avec table, fauteuil, armoire, tabouret ; chacune d'elles a sa bouche de chaleur et sa sonnette électrique correspondant à un tableau placé dans un couloir, où jour et nuit des filles de service sont en permanence ; un bec de gaz allumé de l'extérieur, garanti à l'intérieur par un solide cristal bombé, donne la clarté nécessaire ; chaque lit est garni d'un édredon et de deux oreillers. C'est mieux que du confortable, c'est du luxe, et plus d'un vieillard qui termine ses jours dans cette bonne maison y trouve des jouissances que sa vie n'a jamais connues. Aucun objet de toilette dans ces chambres claires et dominant la verdure des préaux ; je m'en étonne, et l'on me conduit à un lavabo bien outillé, mais où les ablutions se font en commun. Pour des gens très âgés et de mains débiles, il y avait inconvénient à leur laisser le libre usage des cuvettes et des pots à eau, je le crois ; mais je crois surtout que l'on a voulu s'assurer par une surveillance facile que les soins de propreté personnelle n'avaient rien de trop sommaire, et l'on a sagement fait. Quarante chambres pour les hommes, quarante chambres pour les femmes, six chambres à deux lits pour les ménages, pour ces Philémon et ces Baucis de l'indigence qui ont vieilli ensemble, qui ont souffert côte à côte, et qui veulent mourir l'un près de l'autre. J'entr'ouvre une porte : la vieille femme dort écroulée sur un fauteuil, son vieux mari marche sur la pointe du pied pour ne la point réveiller. La richesse est enviable qui permet de faire tant de bien et si intelligemment. Tout est gratuit dans cet asile, et je ne répondrais point qu'on ne fournît des vêtements à ceux qui en manquent. Chaque lit a été l'objet d'une fondation particulière, instituée par la famille Rothschild et par divers membres de la communauté israélite de Paris. La somme, une fois versée, qui forme le capital dont le revenu est affecté à l'entretien de chacun des lits, a varié selon le renchérissement successif des denrées et l'abaissement des valeurs monétaires produit par l'abondance des métaux monnayables ; au début, 10,000 francs, puis 12,000 ; aujourd'hui, 15,000, qui déjà sont devenus insuffisants et devraient être portés à 18,000, sinon à 20,000, afin de sauvegarder les intérêts de l'administration et de n'avoir rien à modifier dans cette organisation supérieure à tous les degrés. Les soins sont tels et les précautions sont si bien prises que, dans chaque couloir, je remarque un poste d'eau accosté de ses tuyaux prêts à être gréés, sans compter les boites d'extinction, qui sont disséminées en tout endroit où l'on a pu les placer.

Les trois maisons, — hôpital, incurables, retraite, — profitent d'un immense jardin, — je dis immense, parce que nous sommes à Paris, — qui a été divisé en autant de préaux que l'on compte de divisions ; les hommes, les femmes, les enfants malades ont chacun le leur, comme les incurables et les vieillards. Des allées sablées, garnies de bancs, circulent à travers des parterres où le printemps tardif n'a point encore épanoui les fleurs ; les murs mitoyens sont revêtus de lierre ; il me semble que l'on a essayé de masquer et même de détruire l'aspect morose qui attriste la plupart des établissements hospitaliers, surtout lorsqu'ils sont de création récente et que les plantations forestières y sont encore à l'état de baliveaux. Je me figure que, vers 1850, ce terrain contenait de vieux arbres que l'on a conservés pour le plus grand bien des malades. Un préau, — celui, je crois, qui est réservé aux femmes, — contigu à la maisonnette de Mlle Clairon, est orné d'une allée un peu courte, mais très large, bordée de marronniers de toute beauté. Je les ai admirés ; ils versent l'ombre autour d'eux ; ils forment une salle de verdure fraîche, arrêtant les rayons du soleil, propice au repos, conviant à la santé, qui doit être un lieu de prédilection pour les convalescents. Je me figure que, dans les jours de tiède température, la pauvre petite névropathe, dont les sanglots m'ont remué le cœur, aime venir y pleurer, et qu'elle prend les arbres à témoin de ses douleurs qui, pour être imaginaires, n'en sont pas moins réelles, puisqu'elles la font souffrir.

III. — LE REPOS ÉTERNEL.

Il est dit au sixième chapitre des Proverbes : « La fortune du riche, c'est sa ville fortifiée ; ce qui consterne les pauvres, c'est leur dénuement. » Il me semble que la ville fortifiée a incliné ses ponts-levis pour faire place au pauvre et soulager son dénuement. Malgré toutes les infortunes qui ont été, sont et seront secourues dans les trois établissements où j'ai conduit le lecteur, il en est bien d'autres encore, poignantes et vivaces, que la maison de retraite, l'hôpital, l'hospice des incurables ne peuvent recueillir. Elles retombent à la charge du comité de bienfaisance Israélite, où ce devoir de charité n'est jamais répudié. L'organisation de ce comité est aussi complète que possible et forme, au milieu de la communauté, une administration à part, assez semblable, proportions gardées, à l'assistance publique, qui, tout en relevant de la préfecture de la Seine, possède sa fortune particulière et agit sous sa propre responsabilité. Indépendamment des donations, des legs, des souscriptions, des offrandes déposées dans la bourse des quêteuses, la caisse de bienfaisance est alimentée par une loterie annuelle dont le produit reste invariablement fixé entre 80 et 90,000 francs nets, sans frais d'achat, car les lots sont gratuitement fournis. Depuis le 26 janvier 1887, le comité de bienfaisance Israélite est reconnu établissement d'utilité publique. Ce titre est justifié par les services rendus, qu'il suffira d'énumérer pour en démontrer l'importance : — secours réguliers et mensuels aux indigents inscrits ; — secours temporaires aux indigents non-inscrits et aux indigents de passage ; — secours de rapatriement ; — distributions extraordinaires à l'occasion des fêtes religieuses ; — distribution de combustibles en hiver ; — fourneaux alimentaires (300,000 portions annuellement) ; — secours aux femmes en couches, distribution de layettes ; — distribution de vêtements chauds et de vêtements aux enfants des écoles primaires (environ 2,000) ; — distribution de vêtements aux enfants qui célèbrent leur initiation religieuse (de 150 à 180 par an) ; — distribution de machines à coudre aux ouvrières ; — caisse de prêts (le maximum est de 100 francs) ; — service des enfants assistés ; les orphelins et les enfants abandonnés, non recueillis dans les orphelinats, sont placés dans des familles auxquelles on paie une pension variant de 20 à 40 francs par mois. Autour de cette charité, que l'on pourrait qualifier d'officielle, gravitent une quarantaine de sociétés de secours mutuels qui toutes concourent dans une mesure appréciable à soulager la misère israélite.

Deux fondations spéciales ressortissant au comité me semblent mériter une mention particulière ; la première est l'œuvre des loyers, destinée à assurer la jouissance d'un logement à des familles que l'indigence a visitées. Bien des juifs sont pauvres à Paris ; le petit métier qu'ils exercent les empêche de mourir de faim, mais ne leur permet de faire aucune économie : le gain quotidien est absorbé par les exigences quotidiennes. Pour eux la question des loyers est capitale, car les petits locataires n'ont point à compter sur la mansuétude de leurs propriétaires ; le jour du terme est redoutable : paie ou va-t'en ! D'autre part, l'israélite, plus que tout autre, est exclusif, il aime son chez soi ; le *home* lui est sacré, il s'y réfugie, il s'y console, il y reprend courage et, quelque malheureux qu'il soit, ressaisit l'espérance lorsqu'il y fait briller les sept lumières. La promiscuité des garnis lui fait horreur, car presque toujours l'étranger lui est hostile ; en outre, son péché lui suffit et il redoute celui des autres. À Paris, il s'est cantonné ; tandis qu'Israël opulent a bâti ses demeures dans les plus beaux quartiers, Israël misérable a ses lieux d'élection vers la rue Mouffetard, vers le Temple, vers les rues Saint-Maur et de la Roquette, et surtout vers la zone étendue entre la rue Saint-Antoine et l'ancien hôtel Saint-Paul, sur les terrains où s'allongent les rues du Petit-Musc, Beautreillis, des Lions, de la Cerisaie, qui, par leur nom, rappellent les différentes divisions des jardins de Charles VI. Ils vivent là sans grand bruit, et acquittent régulièrement leur loyer, car c'est le comité de bienfaisance qui le paie pour eux. La moyenne des locations auxquelles on pourvoit de la sorte est de 240 francs par an. C'est entre les mains du propriétaire ou du portier que le montant du terme est remis, et jamais au locataire, car il ne faut tenter personne, pas même les descendants de Ruben et de Nepthali, que le souvenir de la grappe de Chanaan pourrait engager à aller la chercher, en bouteilles, chez le marchand de vin. Plus de soixante familles trouvent ainsi la sécurité du logis, et doivent peut-être à la charité de leurs coreligionnaires d'échapper aux hasards du vagabondage. Toute femme pauvre, devenue veuve dans l'année, est adoptée d'office par l'œuvre des loyers, qui étend de préférence sa protection sur les vieillards, sur les malades et sur les ouvriers qu'une blessure accidentelle ou un chômage a fait sortir de l'atelier. En dehors de cette action officielle, le comité exerce une action officieuse dont il garde le secret, le secret du confesseur. Parfois, à la suite de circonstances imprévues, d'affaires mal engagées, de maladie persistante, une famille honorable, bien posée, comme l'on dit, se trouve réduite à une condition précaire qui dépasse la gêne et côtoie l'indigence. Dévoiler cette situation, c'est nuire au crédit et mettre obstacle à un relèvement possible, sinon probable. Dans ce cas, c'est généralement le grand-rabbin qui reçoit la confidence et s'empresse déparer à des éventualités cruelles. Est ce au comité qu'il s'adresse ? je ne puis l'affirmer ; j'imagine plutôt qu'il va trouver un de ceux qui ont « une ville fortifiée, » et qu'il en reçoit, sans longues explications, la somme nécessaire au salut du « pauvre honteux. » Le loyer est payé, et si l'on y ajoute de quoi tenter de nouveaux efforts, je n'en serais pas surpris.

La seconde fondation dont je vais parler ne s'occupe plus des choses de ce monde ; pour ceux qui en profitent, le logement est définitif ; il reste clos à jamais et ne s'ouvrira qu'au jour où la trompette de l'ange sonnera la diane au-dessus de la vallée de Josaphat : c'est l'œuvre du repos éternel, à côté, mais en dehors de laquelle fonctionne une société mutuelle appelée « la terre promise ; » toutes deux ont pour but et pour résultat de donner à l'israélite pauvre, que la vie vient de délaisser, les prières prescrites par la Loi, un cercueil et une place isolée dans le cimetière, qui est la maison des vivants : *Beth-Haim*. Dormir seul son dernier sommeil, cela paraît facile au premier abord ; mais dans une ville comme Paris, où les terrains se paient à poids d'argent, où les concessions perpétuelles et privilégiées ressemblent à la prison cellulaire des cadavres, où, sans respect pour l'être humain, sans souci de l'hygiène, en entasse les morts dans la fosse commune, il en coûte cher de réserver sa tombe, et bien des gens ne peuvent se donner le luxe d'une sépulture personnelle. Or le juif y tient, par croyance, par dégoût de la promiscuité des décompositions, et par ce sentiment commun à tous les hommes qui espèrent échapper à l'anéantissement de leur individualité. Or entrer dans « les tranchées gratuites, » c'est se perdre au milieu de la foule et y disparaître. En cela, l'israélite n'a rien de particulier, nous sommes tous ainsi, et nous avons tant aimé notre « moi » que nous voudrions lui assurer une personnalité indéfinie, même lorsque l'on sait que toute personnalité matérielle est destinée à se confondre dans l'universalité des choses. J'ai connu à la Salpêtrière une bonne femme qui, à force de mettre sou sur sou, était parvenue à réunir la somme nécessaire à l'achat d'une concession perpétuelle ; pendant bien des années, elle se priva de tout, sans murmure et avec courage, parce que, selon son expression, elle ne voulait pas aller « bouillir dans la grande marmite, » c'est-à-dire être versée dans les pourritures de la fosse banale.

Toute religion a entouré la mort d'un appareil grandiose, où la terreur et l'espérance font tour à tour entendre leur voix. La vie terrestre vient de finir, la vie d'outre-tombe s'est ouverte, car nulle révélation n'admet, comme dit Montaigne, « cette opinion si rare et incivile de la mortalité des âmes ; «tout en promettant à « l'esprit » des destinées supérieures, on prie sur le corps qui lui a servi d'habitacle et on lui rend une sorte de culte. On dirait que la mort efface le souvenir du mal et ne laisse subsister que celui du bien. Que de vivants haïssables et détestés sont devenus sacrés au lendemain de leur dernier jour ! À Rome, on déifiait les empereurs aussitôt après leur décès ; j'imagine que l'on témoignait ainsi la joie que l'on éprouvait d'en être délivré.

Le judaïsme, auquel le catholicisme, l'orthodoxie grecque, l'islamisme, le protestantisme dans toutes ses communions, ont tant emprunté, a environné la mort de cérémonies particulières qui diffèrent des nôtres et qu'il n'est point superflu de faire connaître ; elles rentrent dans notre sujet, car elles nécessitent, pour les pauvres, l'intervention secourable du comité de bienfaisance. Lorsqu'un israélite fervent en sa croyance, soumis à la Loi et respectueux des prescriptions du Talmud, sent venir sa dernière heure, il doit, s'il a conservé la lucidité de son intelligence, confesser à haute voix ses péchés les plus graves et mêler sa prière à celles des assistants : « Je reconnais, ô mon Dieu, ô Dieu de mes ancêtres, que ma guérison et ma mort sont entre tes mains, car dans ta main est le souffle de tout être vivant ! » Lorsque les personnes présentes s'aperçoivent que l'agonie touche à son terme, elles disent ensemble : « L'Éternel règne, l'Eternel a régné, l'Éternel à jamais régnera ; l'Éternel est un ! » Quand le malade a rendu le dernier soupir et que l'on a constaté le décès en posant une plume de duvet sous la lèvre supérieure, chacun s'incline et dit : « Louanges au juge équitable ! » Dès lors commencent les prières qui doivent durer pendant sept jours, qui sont les « jours d'Abel ; » souvenir du premier meurtre, aïeul des guerres où la bête humaine se complaît et qui feraient croire que le souffle divin, dont fut animé le moule d'argile, s'est évaporé dès l'aurore de la création. Ces prières doivent être récitées en assemblée, c'est-à-dire par dix personnes au moins. C'est l'œuvre du repos éternel qui envoie, à ses frais, les pleureurs dont la fonction est de louer le défunt, de consoler les survivants et de prier avec eux. Pendant les jours d'Abel, tout travail est interdit ; donc nul gain ; le comité y supplée par ses aumônes.

La purification du corps se fait au cimetière même, dans un pavillon spécial dit la maison des purifications. Le cadavre placé sur une dalle, couvert d'un drap blanc, est lavé avec soin, puis aspergé d'une ablution comprenant environ neuf litres d'eau ; lorsqu'il a été essuyé, il est coiffé d'un ample bonnet de toile blanche, puis vêtu d'une chemise, d'un caleçon et d'une large robe blanche serrée aux reins par une corde. Le corps est alors déposé dans le cercueil, où le plus proche parent du défunt lui métaux pieds des chaussons de toile blanche : symbole et souvenir de l'Exode, alors que les pieds chaussés et la ceinture aux reins, debout, ils mangèrent l'agneau avant de quitter la terre de servitude et de faire la première étape de leur longue route vers la terre promise. C'est alors que les membres de la famille immédiate devraient déchirer leurs vêtements, du côté droit s'ils pleurent leur père ou leur mère, du côté gauche s'ils n'ont qu'un collatéral à regretter.

III. — LE REPOS ÉTERNEL.

Cette cérémonie tout orientale n'est pas tombée en désuétude, mais elle a été simplifiée ; on se contente aujourd'hui d'un simulacre ; autrefois, au temps des royaumes d'Israël et de Juda, on lacérait les longs vêtements que portaient les ancêtres ; aujourd'hui, on coupe l'angle du revers de l'habit. Lorsque le cercueil est fermé, il est descendu dans son sépulcre individuel, sans contact possible avec les bières voisines. Pour les riches qui possèdent des tombes, c'est fort bien ; mais pour les pauvres qui ne laissent même pas de quoi acquitter la taxe municipale et payer le transport à « la maison des vivants, » ce serait impossible, si le comité directeur de l'œuvre du repos éternel n'était propriétaire d'un certain nombre de concessions à perpétuité, ouvertes de dix-huit cases séparées les unes des autres, disposées à peu près comme les tiroirs d'une commode et qu'il livre gratuitement à son peuple indigent. Grâce à cette précaution inspirée par la foi, tout israélite pauvre peut mourir en paix, persuadé qu'il ne sera point mêlé à la tourbe des morts. Ce n'est pas sans peine que le judaïsme de Paris a obtenu l'autorisation de posséder, à deniers comptants, des concessions perpétuelles pour donner un asile suprême à ses coreligionnaires. Le conseil municipal fut saisi de la question le 31 mai 1879 ; on refusait aux sociétés du repos éternel et de la terre promise le droit de faire inhumer dans la même sépulture des personnes n'appartenant pas à la même famille. On discuta longtemps ; à propos d'enterrement, on parla, sans rire, de propagande religieuse ; on dit même qu'en se montrant récalcitrant pour les Israélites, on voulait « atteindre les associations catholiques dont l'esprit d'envahissement est à craindre. » On finit par s'arranger, sinon par s'entendre, et le comité de bienfaisance put offrir une dernière demeure, une demeure inviolée, à ses pauvres, après les avoir secourus pendant leur existence.

La cérémonie de la purification, qui se fait actuellement au cimetière, me semble destinée à disparaître et à être remplacée par une cérémonie analogue faite au domicile du défunt. Tout ce qui expose un rite funéraire à être contemplé, seulement deviné et commenté par la pensée, est déplaisant. La mort a quelque chose de mystérieux et de solennel qui doit être soustrait aux curiosités, aux interprétations, et je crois que, sous ce rapport, le judaïsme fera bien de renoncer à certaines traditions, assurément fort respectables, mais qui résultent des usages importés d'Orient plutôt que des prescriptions d'une loi révérée. Le corps doit être purgé de toute souillure et revêtu de vêtements blancs, afin de se lever avec décence le jour où l'ange de la résurrection l'appellera, car Daniel a dit : « Ceux qui dorment dans la poussière de la terre se réveilleront ; ceux-ci pour la vie éternelle, ceux-là pour l'opprobre, pour la honte éternelle. » Mais la purification ne perdra rien de sa valeur à être accomplie dans un appartement clos, loin des commentaires incrédules et moqueurs. Malgré les murailles, malgré les portes, malgré les séparations administratives, le cimetière est un lieu public, on ne doit qu'y cacher les morts. Les Israélites du rite portugais, — *séphardi*, — en seront quittes pour faire sept fois le tour du cercueil dans une chambre au lieu de le faire dans la maison des purifications, et le mort n'en sera pas moins honoré, car le respect que l'on garde à son souvenir lui est surtout témoigné par les jours d'Abel, qui ne mettent pas fin au grand deuil, lequel doit se prolonger pendant un mois. À ce moment, les proches parents du défunt se rendent à la synagogue, y allument les lampes et distribuent des aumônes aux pauvres ; car tout, pour l'israélite, — les naissances, les mariages, les décès, les anniversaires, — tout est un prétexte à charité : je le répète, cette race est très bienfaisante.

Je crois bien que le désir de la communauté juive de Paris est d'avoir son cimetière particulier, à elle seule, loin de tout autre. Les traditions historiques l'y autorisent et nos lois ne s'y opposent pas. Pendant le moyen âge, les juifs eurent leurs cimetières distincts, rue Galande, rue de la Harpe, rue Pierre-Sarrasin ; sous le second empire, lors de la percée des nouvelles voies de communication, on trouva, sur ces emplacements, des pierres tombales couvertes d'inscriptions hébraïques qui ont été, je crois, déposées au musée de Cluny. À la fin du siècle dernier, deux champs de repos ont été achetés et consacrés par des israélites à la sépulture de leurs coreligionnaires. Ce fut Jacob-Rodriguez Pereire, agent des juifs portugais à Paris, qui résolut de créer un cimetière où, loin des autres communions, dormiraient à toujours les descendants d'Abraham ; il avait compté sans l'esprit de secte, qui n'a pas plus épargné le judaïsme que les autres religions. Les difficultés que lui suscitèrent les juifs du rite allemand, — *aschkenasi*, — furent telles

III. — LE REPOS ÉTERNEL.

qu'il dut renoncer à son projet primitif et n'ouvrir la porte de « la maison des vivants » qu'aux adeptes du rite portugais. À cet effet, par contrat passé, le 3 mars 1780, devant Me Margantin, notaire à Paris, il se rendit acquéreur d'un enclos situé dans la Grand'Rue de La Villette. L'endroit était bien choisi, dissimulé derrière des constructions, échappant aux regards, presque mystérieux. C'est le cimetière portugais ; il existe encore, rue de Flandres, n° 44, et j'eus de la peine à le découvrir lorsqu'il y a quelques années, j'étudiais l'organisation de nos cimetières. Je n'y pus entrer, mais il me fut possible de l'apercevoir, grâce à la complaisance d'un locataire riverain, qui me permit de l'examiner de sa fenêtre. J'y vis une trentaine de tombes que les herbes ont envahies et que rongent les lichens. Il est, je crois, resté propriété particulière ; à qui appartient-il ? je n'ai pas réussi à le savoir : on m'a nommé la famille Sylveira et la famille Pereire, mais c'est un on-dit et je ne le répète qu'avec réserve.

Le rite portugais ayant un cimetière spécial, le rite allemand ne voulut pas demeurer en reste. Les premières tentatives faites par un certain Leifmann Calmer, seigneur de Picquigny, ou soi-disant tel, échouèrent par la faute même de l'intermédiaire, qui paraît avoir été un homme d'un esprit exclusif et vaniteux. Les israélites allemands, polonais, avignonais continuèrent à n'avoir point de lieu de repos particulier, jusqu'au jour où l'un d'entre eux, nommé Cerf Béer, acheta, le 25 avril 1785, auprès du Petit-Vanves, un terrain placé entre Châtillon et Montrouge. Dès lors, le rite allemand eut sa sépulture, et il en devint propriétaire en vertu d'un acte passé, le 24 octobre 1792, en l'office de Me Petit, notaire à Paris. Par ce contrat. Cerf Béer faisait donation « pure, simple et irrévocable » de ce terrain à « la nation juive. » Pas plus que le cimetière portugais, le cimetière allemand n'a disparu ; on peut le voir au n° 94 de la Grand'Rue de Montrouge ; il a reçu en garde quatre-vingt-six tombes, dont plusieurs sont ruinées. Sur l'une d'elles, datée de l'an 5558, on lit : « Jeune homme, jouis de ta jeunesse ; repose en paix dans le tombeau ; au paradis, on dressera ton lit nuptial. » Le décret impérial du 23 prairial an XII (12 juin 1804), qui prescrivait la création de trois cimetières hors de Paris, qui réglait et règle encore la matière, ne mit pas immédiatement en interdit les champs des morts israélites. Le cimetière de Montrouge fut clos le 27 septembre 1809, et celui de La Villette, le 18 février 1810. À partir de cette époque, une partie du cimetière de l'Est (Père-Lachaise) fut réservée aux juifs, sans distinction de rites. Depuis lors, les concessions exclusives de terrains aux israélites dans les cimetières parisiens se sont multipliées : cimetière du Nord (Montmartre), 1823 ; cimetière du Sud (Montparnasse), 1853, 1858, 1875, 1881 ; cimetière de l'Est, 1863, 1865 ; cimetière d'Ivry, 1875. On est loin, comme l'on voit, des deux jardinets funèbres qui suffisaient, il y a cent ans, aux besoins de la population juive ; celle-ci s'accroît tous les jours et, malgré l'hospitalité qu'on lui ménage à côté de nos morts, elle va bientôt ne plus savoir où enterrer les siens. Il faut lui faire de la place, ou plutôt lui accorder l'autorisation de quitter nos cimetières, d'en créer un où seule elle aura le droit d'entrer, de même que jadis, au temps de Salomon et de Jéroboam, seule elle avait le privilège de reposer dans la vallée de Josaphat.

Depuis que Paris, brisant le mur des fermiers-généraux, s'est étendu jusqu'aux fortifications, nos trois grands cimetières sont hors la loi ; car le décret législatif de l'an XII a spécifié que tout cimetière serait rejeté au-delà de l'enceinte des villes. Tôt ou tard les champs du Père-Lachaise, de Montmartre et de Montparnasse disparaîtront, on les fermera et on transportera ailleurs les restes qu'ils recèlent, ainsi que de 1785 à 1787 on a versé aux Catacombes les débris mal contenus dans le charnier des Innocents. Pourquoi ne pas permettre, dès à présent, à Israël d'aller dresser ses tombes sur des terrains qui lui appartiendront et qui seront sa propriété particulière, comme le petit cimetière de Picpus est la propriété de quelques familles ? Cela ne serait que conforme à la loi, car il est dit à l'article 15 du décret constitutif : « Dans la commune où l'on professe plusieurs cultes, chaque culte doit avoir un lieu d'inhumation particulier. » Le décret ajoute que, si la commune n'a qu'un cimetière, on le partagera en autant de parties qu'il y a de cultes différents. Cela est bon pour les petites villes, pour les villages, et ne peut convenir à Paris, qui, aujourd'hui, possède vingt cimetières, mais qui se comporte vis-à-vis des israélites comme pourrait le faire un simple chef-lieu de canton. J'ajouterai qu'une population de 45,000 âmes qui a ses temples, ses hôpitaux, ses hospices, ses maisons de retraite, ses écoles, ses orphelinats, ses refuges, fondés et entretenus par elle, a le droit d'avoir son

III. — LE REPOS ÉTERNEL.

« lieu d'inhumation particulier, » pour parler comme le législateur de l'an XII. Quelle ampleur prendrait alors cette œuvre du repos éternel, qui est la suprême consolation des Israélites indigents, et qui deviendrait alors la grande maîtresse des sépultures !

Le comité de bienfaisance a le droit de posséder, puisqu'il a été reconnu établissement d'utilité publique, et les terrains qu'il serait dans la nécessité d'acquérir ne seraient point trop considérables, car il résulte d'un document que j'ai sous les yeux qu'avec le système des concessions munies de dix-huit cases propres à recevoir un cercueil, un hectare suffit à quatre-vingt-dix mille inhumations. Est-ce que ce projet n'a pas de quoi tenter la générosité de quelques familles dont la richesse est célèbre ? La veuve du roi Mausole, pour avoir élevé un tombeau, est entrée à jamais dans l'immortalité de l'histoire. Quel renom n'auraient pas dans Israël ceux qui le doteraient de la demeure où il pourrait à perpétuité dormir au milieu des siens, isolé comme il aime à l'être, sur une terre que nul « étranger » ne pourrait fouler ! Puisqu'il a été délivré des lois d'exception qui l'ont régi pendant si longtemps, pourquoi ne fait-il pas effort afin de se libérer des promiscuités mortuaires auxquelles répugnent ses croyances, ses traditions et son orgueil ? Une fois de plus, il démontrerait ainsi qu'il ne recule devant aucun sacrifice lorsqu'il s'agit d'affirmer sa vitalité. Tant que les morts seront l'objet d'un culte pieux, il est bon de ne rien épargner pour mieux vénérer leur mémoire. Le cimetière juif, séparé par un mur du cimetière banal, mais enclos dans la même enceinte, rappelle encore le Ghetto des temps passés ; il est juste que les israélites aient leur cité dos morts où seuls les gens de leur race et de leur culte pourront trouver asile, comme aux Indes anglaises les Parses, bien moins nombreux cependant que les juifs, ont leur « Tour du Silence, » isolée et loin des autres cimetières. Ce jour-là, Israël pourrait chanter avec le psalmiste : « Dieu rétablit les bannis dans leur maison et fait sortir les captifs de leurs fers ! »

J'ai dit ce que la communauté de Paris fait en faveur de ses malades, de ses infirmes, de ses vieillards et de ses morts. Pour être complet, il me reste à dire de quels soins elle entoure les enfants, quelles précautions elle prend pour leur ouvrir les bonnes portes de la vie et dans quelle proportion elle vient au secours des misères du groupe social auquel elle appartient ; c'est ce que j'essaierai bientôt.

Maxime Du Camp

IV. — LE REFUGE.

Après la guerre Franco-allemande, aussitôt que les préliminaires de la paix eurent été signés, on s'occupa de rapatrier nos soldats que la fortune des armes avait déçus et que la captivité avait disséminer au-delà du Rhin. Tous ne revinrent pas immédiatement, tous ne purent faire acte de salut et de patriotisme en arrachant Paris aux malfaiteurs de la commune. Quelques-uns, malades ou souffrant de leurs blessures, avaient été gardés par les hôpitaux ; d'autres, plus malheureux encore, avaient échoué dans leur tentative d'évasion ou s'étaient montrés insubordonnés et récalcitrants. Punis avec la brutalité des lois de la guerre, qui sont contradictoires à toute humanité, ils avaient été condamnés à plusieurs mois, à plusieurs années de travaux forcés militaires. Soumis à la discipline implacable, loin du pays, sans nouvelles de la famille, désespérés sous la dureté des climats du Nord, sans argent pour adoucir le dénuement de leur existence, ils étaient devenus un objet de commisération pour leurs vainqueurs eux-mêmes. Nulle rigueur exceptionnelle ne leur fut appliquée : ils étaient assimilés aux condamnés militaires allemands ; mais l'éloignement, l'exil, l'ignorance de la langue, ajoutaient à leurs souffrances des douleurs morales qui en doublaient l'intensité. On ne les oubliait point en France, et des personnes de cœur s'ingéniaient à leur porter secours. Comment y parvenir ? Après enquête, on pouvait connaître, à peu près, le nombre des absents ; mais ces absents, où étaient-ils ? Dans la tombe hâtivement creusée sur le champ de bataille, dans le cimetière des hôpitaux, sur le grabat des lazarets, dans la casemate des citadelles ? On ne pouvait le savoir qu'en parcourant l'Allemagne à la recherche de nos pauvres soldats ; c'est ce que firent quelques-uns de nos compatriotes ; entre autres une femme dont le nom doit être prononcé, dût sa modestie en souffrir, et qui s'appelle Mme Coralie Cahen.

Elle est Lorraine, née à Nancy, veuve d'un médecin qui eut de la célébrité à Paris, habile auprès des malades, adroite aux panse-mens, miséricordieuse et sachant les mots qui consolent. Dès que les premiers combats eurent fait brèche aux frontières françaises, elle courut à Metz, sachant bien que là les sinistres moissons ne manqueraient pas : elle s'enferma dans les hôpitaux, portant au bras le brassard de la convention de Genève, et devint une sorte d'infirmière en chef, se battant contre la mort et lui enlevant les victimes déjà désignées. Lorsqu'un blessé sentait ses forces défaillir et s'en allait vers une autre existence, elle appelait l'aumônier : « Celui-ci va nous quitter, aidez sa pauvre âme, affermissez-la et montrez-lui les lumières qui brillent au-delà du tombeau. » L'armée que commandait le maréchal Bazaine fut prisonnière, les Allemands entrèrent dans Metz, et Mme Coralie Cahen, cherchant comment elle pourrait se rendre utile encore, se dirigea vers l'armée de la Loire ; elle s'arrêta à Vendôme, où son dévouement devait trouver à s'exercer. Dans le lycée de la ville, qui est une ancienne abbaye, on avait installé une ambulance ; c'est là qu'elle s'établit, comme dans une demeure d'élection où son zèle n'aurait plus de repos. Les blessés, les varioleux, les éclopés affluaient, pieds nus, les vêtements en lambeaux, affamés, s'offrant en holocauste et désespérés de reconnaître que leur sacrifice demeurait stérile. Malgré l'ardeur des femmes de bonne volonté, malgré l'énergie de l'infirmière en chef, le labeur était lourd et c'est à peine si l'on y pouvait suffire. Mme Coralie Cahen, qui est de la race et de la religion d'Israël, savait par expérience qu'auprès des malades rien ne peut valoir la ponctualité, le désintéressement, les soins attentifs des femmes appartenant aux congrégations ou aux communautés religieuses. Elle fit appel aux marianistes de la Sainte-Croix, qui ont leur couvent au Mans, et sept sœurs vinrent partager les travaux de l'hôpital ; il était temps : on succombait à la fatigue et les troupes allemandes se rapprochaient. Les sœurs marianistes n'ignoraient point les croyances de Mme Coralie Cahen, mais il paraît que les bons cœurs savent se comprendre, car elles acceptèrent sans hésitation son autorité et, au bout de peu de jours, l'ayant vue à l'œuvre, elles ne l'appelaient que « la mère. »

Lorsque tout fut fini, lorsque la France épuisée retomba sur elle-même, après avoir échappé au parricide dont des enfants impies l'avaient menacée, elle regarda du côté de l'Allemagne où, comme j'ai dit, quelques-uns de nos soldats étaient encore retenus. Pendant de longs mois, Mme Coralie Cahen avait vécu au milieu des misères de la gloire, parmi les blessés des deux armées, apaisant la douleur des Français vaincus, consolant les Allemands vainqueurs, qui pleuraient en pensant à leur patrie, les confondant les uns et les autres dans la même pitié, car ils étaient réunis dans la communauté des mêmes souffrances ; elle avait senti son cœur s'émouvoir à la pensée de nos soldats que les forteresses de Silésie et de Poméranie refusaient de nous rendre, parce qu'ils avaient commis des fautes que la France eût peut-être récompensées, mais que l'Allemagne avait dû punir. Cette idée l'obsédait ; elle n'y tint plus et partit.

Seule, sans autre mandat que celui qu'elle s'était donné, volontaire de la délivrance et de la charité, elle fit trois voyages en Allemagne, dont deux pendant l'hiver de 1871-1872, qui fut exceptionnellement rigoureux, surtout aux environs de la Vistule, vers Dantzig et Graudenz. Elle frappa à toutes les portes, cherchant, s'enquérant, demandant partout « : Avez-vous des prisonniers français ? » sollicitant, ne se décourageant pas, et abusant de sa faiblesse jusqu'à en faire une force qui devint invincible. Dans cette œuvre de patriotisme et de commisération, elle fut puissamment aidée par une femme d'un grand cœur qui la couvrit de sa protection, et qui n'est autre que l'impératrice Augusta. En souvenir de cette pérégrination à travers les casemates où nos soldats étaient détenus, en témoignage d'une alliance de charité conclue pour atténuer les maux de la guerre, la souveraine remit à la voyageuse une broche n'ayant pour ornement que la croix rouge, la croix de Genève, qui est la sauvegarde des blessés, des ambulances, des hôpitaux et le symbole de l'humanité. Le hasard m'a mis en rapport avec l'officier qui fut chargé, dans la forteresse de Graudenz, d'amener les prisonniers français en présence de Mme Coralie Cahen. Je ne sais rien de plus émouvant. « Il faisait froid, elle était entrée au corps de garde pour se chauffer près du poêle ; je loi dis : « Voilà les Français. » Elle sortit très vite et s'arrêta devant eux ; Il y en avait onze, le bonnet à la main, la regardant et ne comprenant pas pourquoi elle était là. Sa-voix tremblait ; elle leur dit : « Je suis Française. — Ah ! vous êtes Française ! — Oui, je viens de France exprès pour vous voir. — Ah ! pour nous voir ! ah ! vous êtes Française ! » Et tous, tous ces hommes qui avaient traversé le fer et le feu, qui sans se plaindre supportaient leurs misères, tous éclatèrent en sanglots. Elle pleurait. Ils répétaient : « Ah ! vous êtes Française ! » Elle répondait : « Oui, je suis Française. » Je me

IV. — LE REFUGE.

sauvai dans le corps de garde, parce que les larmes m'étouffaient.[1] »
Ceux-là furent graciés et bien d'autres. Elle alla jusqu'au prince de
la couronne, jusqu'à l'empereur Guillaume ; rien ne la rebuta : elle
eut l'insistance et la persistance. Plus de trois cents prisonniers
français lui doivent d'être rentrés au pays et d'avoir été libérés
avant le terme de leur peine. On a dit, et j'ai dit moi-même, que les
israélites n'avaient qu'un sentiment incomplet de la patrie ; ô juive,
pardonnez-moi !

Si une telle femme est à la tête d'une œuvre de bienfaisance, cette
œuvre sera dirigée avec une bonté vigoureuse. C'est, en effet, ce que
j'ai remarqué dans la « Maison israélite de refuge pour l'enfance, »
dont le comité, exclusivement composé de dames patronnesses, est
présidé par Mme Coralie Cahen. Je crois, sans pouvoir l'affirmer,
que c'est à son initiative qu'est due cette institution. Un malheur, le
plus cruel de ceux qui peuvent atteindre une femme et une mère,
l'avait frappée ; elle demanda des consolations à sa compassion
et à sa charité, qui ne les lui refusèrent pas. En souvenir d'une
enfant arrachée à sa tendresse, elle alla secourir les malades dans
les hôpitaux et porter des paroles d'encouragement aux petites
détenues de Saint-Lazare. A voir ses jeunes coreligionnaires dans
les salles gangrenées de la mauvaise prison, elle eut honte, elle eut
pitié, et fit et bien qu'elle intéressa à leur sort des femmes riches
de la communauté. Sans partager peut-être toutes les espérances
qui faisaient battre son cœur, on convint qu'il était bon d'essayer
quelques sauvetages, et au mois de juillet 1866, la maison de refuge
fut ouverte à Romainville, au pays des lilas, où tant de pauvres filles
se sont perdues, si l'on en croit les romans que publiait l'éditeur
Barba vers les temps de la révolution de juillet.

La maison était bien modeste et servait d'asile, pour ne dire
de prison, aux fillettes israélites que la prudence de la police et
les sévérités de la loi envoyaient à la correction paternelle. Il y a
une quarantaine d'années et plus, la colonie juive, campée dans
les ruelles du faubourg Saint-Marceau et de la Cité, fournissait de
nombreuses recrues à la débauche vénale ; les « petites Haubert, »
les modèles de la rue aux Fèves, étaient presque célèbres par leur
précocité. Quelques-unes ont fait des fortunes surprenantes ;

---

1 Voir dans *l'invasion* de Ludovic Halévy, les épisodes intitulés *Vendôme* et *Grau-
dens* ; la personne qui n'est-point nommée est celle dont je viens de parler.

d'autres, après avoir roulé dans toutes les fanges, se sont retrouvées dans les salles de la Salpêtrière ou entre les brancards d'une charrette de marchande des quatre-saisons. Les unes et les autres, celles qui devaient habiter des palais sur les rivages du golfe de Naples ; celles qui, alcooliques et mendiantes, étaient réservées aux cellules du dépôt, ont traversé Saint-Lazare aux jours de leur début dans le vice, vers la treizième et la quinzième année. Israël s'émut du sort fait aux jeunes pécheresses de sa race et voulut leur venir en aide. La catholicisme ouvrait les refuges du Bon-Pasteur, de Saint-Michel, de la Miséricorde ; le protestantisme recueillait ses petites coreligionnaires coupables à la Retenue, que surveillent les diaconesses;[1] le judaïsme ne voulut point rester en arrière, et il créa la maison de Romainville pour protéger ses jeunes filles contre elles-mêmes et les défendre contre la contagion des prisons administratives. Là, comme dans les établissements des communions chrétiennes, on essaya de combattre la perversité des instincts, le résultat des mauvais exemples, et de relever les malheureuses qui s'étaient laissées tomber ou qui avaient couru au-devant de leur chute. C'est une tâche pénible, mais que les femmes poursuivent avec acharnement, et qui parfois s'exerce avec une énergie que L'on prendrait pour un instinct de l'espèce. Toute conception ! d'œuvre charitable semble entraînée à regarder d'abord vers la femme, vers la faiblesse, et c'est par réflexion qu'elle se reporte sur l'homme ; Dans une étude précédente,[2] j'ai fait remarquer que sur cent soixante-trois maisons secourables ouvertes aux enfants et aux adolescents dans le département de la Seine, dix-huit seulement sont consacrées aux garçons ; les cent quarante-cinq autres ne : s'occupent et ne veulent s'occuper que des fillettes qui ne sont point encore majeures. Les conséquences de l'inconduite sont individuellement plus graves pour la femme que pour l'homme, j'en conviens ; mais socialement à n'en va point de même, puisque, dans les arrestations pour crimes et délits opérées de 1881 à 1885. dans le département de la Seine, la proportionnes hommes est de 87 pour 100 et celle des femmes seulement de 13. C'est donc bien, le péché contre les mœurs que l'on surveille si jalousement, que l'on combat avec tant d'âpreté, et non pas les tendances pernicieuses qui, poussant au méfait, portent préjudice à la collectivité tout

1 Voyez la *Revue* du 15 Juillet.
2 Voyez la *Revue* du 1ᵉʳ août, *l'Orphelinat des apprentis*.

IV. — LE REFUGE.

entière dont elles attaquent l'existence et la propriété. On peut dire, je crois, qu'en créant le refuge de Romainville, les femmes israélites ont obéi autant à l'impulsion de leur sexe qu'au désir d'arracher leurs coreligionnaires à la corruption.

Dans le principe, tout zèle trop ardent dut être modéré, car la maison était étroite, les places n'y étaient point nombreuses et les ressources dont on disposait n'avaient rien d'excessif. On fut donc obligé de restreindre le champ de l'action, qui fut limité à la correction paternelle de Saint-Lazare. Au lieu de laisser de pauvres créatures achever de pourrir dans un milieu détestable, on tenta de les nettoyer et de leur rendre quelque santé morale. Les résultats obtenus furent bons, et comme, de sa nature, la charité est insatiable, que toujours elle cherche à plus et à mieux faire, on se demanda si d'autres enfants que « les détenues » ne pourraient point participer aux bénéfices de l'éducation et de l'enseignement. On ajouta quelques lits au dortoir, on se tassa dans les classes, dans les ateliers, et l'on put accepter quelques fillettes qui faisaient concevoir de l'inquiétude pour leur avenir. On croyait pouvoir rester ainsi, un peu à la gêne, mais utile néanmoins, réparant le mal, l'empêchant de se produire et, dans la mesure du possible, faisant acte de protection pour l'enfance. On avait compté sans les familles israélites pauvres qui sont si nombreuses à Paris et qui tendaient les mains vers la maison hospitalière où les enfants trouvaient des soins et la discipline d'une direction maternelle. Il est dur de se boucher les oreilles pour ne point entendre les supplications de l'infortune ; on reconnut la nécessité de s'agrandir, afin de n'avoir plus à se récuser ; on quitta le gîte insuffisant de Romainville et l'on se transporta à Neuilly, boulevard Eugène, où l'on s'installa dans de plus larges conditions. La nouvelle maison pouvait abriter vingt-cinq ou trente enfants, ce qui était un progrès, mais ce qui n'était point en rapport avec les exigences dont l'on était assailli. Tout de suite on fut débordé ; on lutta pendant longtemps et avec courage ; mais on était forcé de multiplier les ajournements, on se voyait condamné à des refus pénibles, on repoussait des demandes d'admission dignes d'intérêt, et l'on se désespérait de ne pouvoir faire autant de bien que l'on aurait voulu, lorsqu'un sacrifice sérieux, gros de promesses qui n'ont point été démenties, fut consenti en faveur de la fondation récente. Mme Victor Saint-Paul, dame du comité, et M. Victor Saint-Paul, membre du consistoire de Paris, donnèrent à l'œuvre un vaste terrain situé boulevard de La Saussaye, à Neuilly. M. S.-H. Goldschmidt, président de l'*Alliance Israélite*, prit à sa charge le quart des frais de construction, soit 60,000 francs ; le comité de bienfaisance en donna 40,000 ; aux sollicitations de M. Zadoc Kabn, grand-rabbin de Paris, cent trente-deux souscripteurs répondirent en versant une cotisation variant de 10,000 à 100 francs ; on réunit de la sorte une somme de 255,900 francs, qui solda les dépenses de constructions et d'aménagement, dont le total s'est élevé à 254,784 francs. C'est beaucoup d'argent ; mais on ne doit point le regretter, car l'établissement est de premier ordre. Il fait honneur à M. Aldrophe, qui l'a bâti, et qui en vit l'inauguration solennelle le 4 juin 1883.

Derrière les arbres du boulevard, la maison est gaie et de bonne apparence ; elle n'a rien de l'aspect morose des prisons, des lycées, des pensionnats, dont partout l'on semble s'être étudié à rendre les abords lugubres. Les portes ouvertes dans la grille sont-elles closes ? je n'en répondrais pas. Après avoir traversé une cour sablée et qui n'est séparée des propriétés mitoyennes que par une muraille assez basse, on pénètre dans le corps de logis proprement dit. On reconnaît tout de suite l'économie de l'institution. Deux grands bâtiments isolés, reliés seulement par des couloirs de service et par un petit préau, contiennent un orphelinat et le refuge ; nous visiterons le premier et nous dirons ensuite ce que le second est devenu. Les différentes pièces dont se compose l'orphelinat, — réfectoire, dortoirs, classes, ateliers, — sont supérieures à tout ce que je connais et peuvent être offertes en modèle à des constructions futures. Parquetées, lambrissées, entretenues d'une irréprochable façon, toutes ces salles reçoivent une ample provision d'air et de clarté ; on n'a ménagé ni les hautes fenêtres, ni les larges portes, ni les dégagements de toute sorte, ni les prises d'eau, ni les becs de gaz, ni les lavabos outillés de main de maître. J'ai entendu une inspectrice pénitentiaire se plaindre de ce « luxe, » — ce fut son mot, — et prétendre que l'on donnait ainsi aux enfants des habitudes de bien-être qu'elles ne pourraient conserver plus tard. Je n'en crois rien, et j'imagine, au contraire, que le confortable de cette installation profite à leur santé, aide à chasser les tristesses de l'internat et restera plus tard un souvenir reconnaissant du

IV. — LE REFUGE.

temps de leurs premières années. Dans le soin que l'on a pris de mettre ces fillettes dans un milieu à la fois sérieux, agréable et sain, elles trouvent une preuve de l'affection qui les entoure et de l'intérêt qu'elles inspirent. La saleté n'est pas indispensable aux maisons d'enseignement, comme on semblait vouloir le démontrer lorsque j'usais mes culottes sur les bancs des collèges. Jamais les demeures scolaires ne seront assez fourbies, dût-on tripler le nombre des « garçons ; » jamais les écoliers ne seront astreints à trop de propreté par ceux qui les dirigent et qui devraient prêcher d'exemple. A ce point de vue, la maison de Neuilly est à signaler à l'attention des fonctionnaires qui ont charge de l'enfance. La salie de bains, où toute élève doit réglementairement passer une fois par semaine, et qui est un cadeau de Mlle Salomon de Rothschild, ne serait déplacée nulle part ; elle se compose d'une chambre garnie de cinq baignoires, d'une pièce munie de tous les instruments de l'hydrothérapie et d'un cabinet spécial pour les bains sulfureux. Ceux-ci ne sont que trop nécessaires à des enfants faibles, ayant déjà pâti, portant souvent le stigmate des maladies héréditaires, et parfois atteintes de scrofules. Lorsque ce mal, si fréquent dans les milieux où l'on recueille ces pauvres fleurs de la pauvreté et du vice, menace de devenir chronique, la fillette qui en est frappée est expédiée à l'établissement israélite de Berck-sur-Mer ; là elle est hospitalisée et, tout en continuant son éducation, reçoit les soins que comporte son état. Si une des pensionnaires de Neuilly tombe malade, elle est immédiatement transportée et admise d'office à cet hôpital de la rue Picpus où récemment j'ai conduit le lecteur.

Lorsque j'ai visité l'orphelinat, on y était en bonne santé, et sauf une élève dont la colonne vertébrale commence à prendre une forme défectueuse, tout le monde avait la mine florissante et ces belles joues qui, dans les poèmes d'Homère, sont l'attribut de la jeunesse. De ce que j'ai remarqué dans les classes, je ne dirai rien, car l'on y suit les programmes de l'enseignement primaire. L'âge des écolières varie entre cinq et dix-huit ans ; quelques-unes ont de la précocité ; une fillette de cinq ans et demi, d'apparence un peu lourde, malgré la vivacité de son regard, s'est approchée de moi et m'a dit, en confidence, qu'elle savait faire les soustractions. Je l'ai conduite au tableau et je lui ai proposé un problème qu'elle a lestement résolu. Je l'ai félicitée ; elle est devenue toute rose et a pris l'attitude sérieuse d'une grande personne qui sait que si de 9 on ôte 3, il reste 6. Dans les ateliers on travaille en silence, autour d'établis en bois de chêne bordés de coussinets qui font office de pelotte et servent à fixer l'étoffe. Quelques-unes de ces petites ouvrières, âgées de quinze à dix-sept ans, sont fort habiles aux broderies d'art ; j'en regarde plusieurs qui rajeunissent avec adresse les fleurs et les rinceaux en fils d'or serpentant sur une vieille draperie de velours rouge enlevé sans doute au dais d'une cathédrale italienne. J'imagine que les brocanteurs des anciennes étoffes, si recherchées aujourd'hui, s'adressent souvent aux ateliers de l'orphelinat de Neuilly, où l'on excelle aux réparations mystérieuses, aux « reprises perdues » qui trompent les yeux les plus clairvoyants. C'est un bon métier qui exige de l'attention et du goût, mais qui est bien rémunéré ; au temps où il était de mode de porter des châles, les repriseuses de « cachemire » gagnaient beaucoup d'argent ; à cette heure, elles s'exercent suc les : tapisseries d'autrefois, sur les brocarts, sur les lampas du siècle dernier, et y trouvent sans peine de quoi vivre. On a donc raison de donner cet enseignement technique aux. pupilles de l'orphelinat, qui en tireront un parti d'autant plus utile que la plupart des grands marchands de curiosités de Paris appartiennent à la communauté israélite, et que le principe des juifs est d'être solidaires les uns des autres.

La maison contient actuellement quatre-vingt-dix élèves, uniformément vêtues d'un costume qui ne rappelle en rien le pénitencier : point de blouse, point de béguin noir, point de cheveux coupés trop court, mais simplement une robe de couleur sombre, égayée par la blancheur du linge. Comme dans tous les établissements de même nature, une règle invariable est appliquée, et la journée est méthodiquement distribuée entre le travail des classes et celui des ateliers. Les repas, les récréations interrompent la besogne, et, chaque jour, toute écolière est soumise à une heure de gymnastique. Ceci est excellent. Que l'on ne se figure pas que ces fillettes sont contraintes à se promener ou sommet du portique, à se balancer entre les cordes du trapèze ou à sauter sur le cheval de bois : leurs exercices, moins masculins, sont représentés par une série de mouvements combinés, de façon à développer les muscles de la poitrine et des bras, à entretenir l'élasticité des membres inférieurs et à imprimer au corps une attitude correcte,

IV. — LE REFUGE.

j'ai manifesté le désir de les voir à l'œuvre ; on les fit descendre dans la cour d'entrée qui est assez vaste, mais privée d'ombre, et sert de préau pour les récréations. Le petit troupeau s'est divisé en plusieurs « quadrilles, » par rang de taille ; la maîtresse de gymnastique a donné le signal : mouvements d'élévation et d'abaissement en place ; marches et contremarches rappelant les évolutions des figurons sur les grands théâtres. Les exercices sont rythmés par des couplets empruntés aux opéras comiques, les plus célèbres. On dresse les bras, on les étend, on les croise, on fait des oppositions de la tête, on semble gravir les degrés d'un escalier en chantant :

Regardez, il s'approche,

Un plumet rouge à son chapeau,

Et couvert de son manteau,

Du velours le plus beau !

Je ne pas m'empêcher de sourire en me rappelant les malédictions dont jadis le romantisme a accablé Scribe ; on peut avouer que : « du velours le plus beau, « méritait quelques timides observations, comme eût dit Candide. J'ai entendu ainsi, après la fameuse romance de *fra Diavolo*, les airs favoris de *Zampa*, de *Marie*, de *la Fiancée*, qui me rejetaient au temps de mon enfance, lorsque toutes les orgues de Barbarie les jouaient dans nos rues, qui alors ne leur étaient point interdites. Les fillettes, petites et grandes, m'ont paru prendre plaisir à leur gymnastique et à leurs chansons ; on y mettait de l'entrain, de la vigueur, et si parfois on chantait faux, les mouvements du moins étaient harmonieux. Une heure de ces bons et salutaires exercices, c'est bien ; mais si, sans nuire au travail, on pouvait doubler, ce serait mieux. Je ne répéterai point ici ce que j'ai dit ailleurs sur la nécessité, au point de vue de l'hygiène physique et morale, d'astreindre les enfants à un régime gymnastique qui les fatigue, les apaise et les fortifie. Là où l'espace manque, — ce qui est toujours le cas à Paris, — lorsque l'on n'a pas le grand jardin où l'on peut courir, jouer aux barres et pousser le cerceau, l'on ne saurait trop multiplier l'action des muscles, qui, vivifiant le corps, apporte le repos à l'esprit.

On ne s'occupe pas seulement d'instruire les pupilles et de leur enseigner un métier, on s'efforce de faire naître en elles des sentiments où plus tard la famille trouvera sa sécurité. C'est là une conception toute féminine et maternelle dont les résultats ne seront point stériles. Les grandes sont, en quelque sorte, les tutrices des petites, veillent sur elles, en prennent soin, et jouent un rôle de sœur aînée qui n'est point sans douceur. Des deux parts, on s'en trouve bien, car à la sécheresse habituelle de la discipline scolaire on substitue l'affection qui rend l'obéissance facile et ne laisse rien de pénible au commandement. Non-seulement on encourage par des conseils les grandes à servir de « petites mères » aux enfants, mais on les récompense lorsqu'elles n'ont point failli à la mission qu'on leur a confiée et qu'elles ont donné preuve de dévouement à leurs compagnes plus jeunes qu'elles ; des prix spéciaux sont attachés à ce genre de mérite, et chacun de ces prix, très ambitionné, est une montre. Un autre prix, représenté par une médaille d'argent sur laquelle on a gravé : « Souvenir d'affection et de bonne camaraderie, » est décerné par voie plébiscitaire ; les enfants et les maîtresses prennent part au vote, qui jamais n'a été l'objet d'aucune réclamation, ce qui a dû causer quelque étonnement au suffrage universel, accoutumé aux protestations des concurrents malheureux. Le système des récompenses distribuées aux pupilles me parait très bien compris et vise un but utile. Pour le bien comprendre, il faut se rappeler que toutes les élèves sont pauvres et que ce sera un grand bienfait pour elles si, sortant de la maison hospitalière qui a accueilli et façonné leur enfance, elles en emportent un petit pécule dont elles pourront s'aider aux premiers jours de responsabilité d'elles-mêmes. Dès qu'une enfant est admise à l'orphelinat de Neuilly, elle reçoit un livret de caisse d'épargne sur lequel on inscrit toute somme produite par le travail ou donnée par quelque personne charitable. Parfois, toutes les élèves sont appelées à participer à une largesse collective ; ainsi, à l'époque de l'effondrement provoqué de l'*Union générale*, d'où résulta ce violent mouvement de bascule financière que l'on a nommé le *krach*, un banquier israélite, n'ayant point été atteint par le désastre et voulant faire partager sa bonne fortune aux malheureux, donna 100 francs à chacune des pupilles de Mme Coralie Cahen. A ces sommes, qui sont la propriété individuelle et inaliénable des écolières, vient s'ajouter la valeur des prix mérités par la conduite, le travail et l'assiduité. A la dernière distribution générale des prix (15 mai 1887), outre les volumes traditionnels, des jouets nombreux et huit montres en argent, on put répartir entre onze élèves une somme de 1,025 francs, représentant des récompenses variant de 200 à 50 francs. Argent et objets étaient dus aux libéralités des dames du comité, qui me semblent prendre leurs fonctions au sérieux.

Le livret n'est remis à la pupille que lorsqu'elle a atteint l'âge de vingt et un ans. Les petites sommes se sont accumulées, ont fructifié de l'ensemble des intérêts composés et sont un appoint appréciable pour l'entrée dans la vie. Une élève, âgée de vingt ans et demi, est depuis trois années au service de l'orphelinat ; son livret est déjà de 700 francs. Une autre, qui n'a guère plus de quinze ans, qui deux fois déjà a mérité le prix d'honneur (200 francs, produits d'une fondation perpétuelle), possède 600 francs ; plusieurs ont un petit capital de 400, de 500 francs. Ce n'est pas tout, et, dans certains cas, le comité des dames patronnesses fouille dans ses poches et y trouve de quoi récompenser une longue série d'années exemplaires. Une pupille admise dans la maison aux premières heures de l'installation a passé ses examens, obtenu ses brevets et est restée, en qualité d'institutrice, auprès de ses anciennes camarades. Relativement riche de ses économies et du fruit de son travail, elle avait 1,800 francs bien placés. Elle fut recherchée en mariage par un honnête homme qui occupait une bonne situation dans une des grandes raffineries parisiennes ; la dot était maigrelette ; le comité s'en aperçut, se cotisa et la porta jusqu'à 3,000 fr. Il me parait difficile de faire le bien avec plus d'intelligence et plus de délicatesse.

On cherche à conserver dans la maison, avec un bon emploi, celles des enfants que la mort, que l'abandon ont faites orphelines, ou qui ne trouveraient dans leurs familles que des exemples pernicieux et des conseils pervers. Une fillette, enlevée à un milieu déplorable, recueillie à l'âge de dix ans dans la bonne maison, y est aujourd'hui institutrice aux appointements annuels de 800 francs ; une autre est devenue sous-maîtresse à l'atelier de broderie et gagne 600 francs ; une troisième, encore élève, mais qui est laborieuse, et qui, cette année, a été jugée digne du prix d'honneur, vient d'être promue à la dignité de sous-maîtresse des petites. Toute peine mérite salaire ; aussi le comité a-t-il décidé de lui donner 20 francs par mois, dont profitera son livret de caisse d'épargne. Faibles émoluments, j'en conviens, mais qui ne sont point à dédaigner et constituent « un avoir » sérieux pour des enfants défrayées de tout. Cependant, lorsque les appointements dépassent la somme de 600 francs, la pupille doit pourvoir à son entretien de toilette. Parfois on se trouve en présence d'une élève qui est de volonté forte et dont la maladie ou l'infirmité peut paralyser l'envie de bien faire. Dans ce cas, on s'ingénie à découvrir la voie du salut, et souvent on réussit. Une enfant avait été abandonnée à l'hôpital Rothschild par une femme inconnue

Qui n'a point dit son nom et qu'on n'a point revue.

Mme Coralie Cahen, avertie, alla chercher la pauvrette et l'apporta dans la maison de Reuilly. La petite fille était atteinte d'une ophtalmie persistante ; pendant plusieurs années, elle fut en traitement et finit par guérir ; mais la vue, affaiblie par de longues souffrances, restait débile et ne permettait aucun travail assidu à la malheureuse, qui rêvait de devenir institutrice et de ne devoir son pain qu'à son labeur. La lecture, l'écriture, causaient d'insupportables douleurs ; quant au métier de brodeuse, il n'y fallait point songer : l'acte seul d'enfiler une aiguille était interdit. Le problème était difficile à résoudre, mais il fut résolu au bénéfice de la pauvre fille, dont on fit une gymnaste. Mlle Lemerle, professeur de gymnastique dans les écoles municipales et à la maison de Neuilly, la prit en amitié, fit naître, développa ses aptitudes, l'initia aux méthodes d'enseignement et la mit en état de recevoir ses diplômes après examens victorieusement subis. La fonction n'est pas mauvaise ; la jeune fille dont je parle gagnait, l'hiver dernier, 800 francs par mois à donner des leçons, ce qui, pour une femme, est une rémunération presque exceptionnelle. Si la destinée ne lui est pas trop adverse, son existence est assurée, et elle le devra à l'orphelinat qui s'est ouvert devant elle et qui, sans doute, ne s'imaginait guère qu'il aurait à former des licenciées ès arts gymnastiques.

La limite d'âge des élèves est déterminée par l'article 10 des statuts : « Aucune enfant ne pourra être admise avant l'âge de cinq ans ni rester pensionnaire de la maison après vingt et un ans. » Tel cas se présente cependant où cette prescription n'est pas observée en toute rigueur ; au cours des années 1885 et 1886, trente-neuf « nouvelles » ont été reçues à l'orphelinat de Neuilly ; une a six ans, six en ont cinq et enfin une seule n'a pas plus de quatre ans et demi ;

IV. — LE REFUGE.

pour cette dernière, il y avait péril en la demeure maternelle, et l'on n'a pas hésité à interpréter le règlement au lieu de l'appliquer : ici comme ailleurs, plus qu'ailleurs peut-être, le proverbe a raison : la lettre tue et l'esprit vivifie. Les statuts sont péremptoires : « La maison de refuge est instituée pour recevoir les jeunes filles mises en correction par l'autorité judiciaire ; — elle est tenue d'admettre également celles qui seraient mises en correction paternelle par jugement. — La maison admet en outre : 1° des jeunes filles abandonnées par leur famille ; 2° des orphelines ; 3° des enfants nées dans des conditions irrégulières. » C'est cette dernière et triple catégorie composant l'orphelinat que je venais d'étudier dans les différents exercices de la classe, de l'atelier et de la gymnastique ; je demandai à visiter le refuge exclusivement consacré aux jeunes filles qui avaient mérité d'être internées à Saint-Lazare, dans la division de la correction paternelle. — Que l'on n'oublie pas que c'est en visitant les petites détenues de la prison pour femmes que Mlle Coralie Cahen conçut la pensée de fonder la maison de relèvement où nous allons entrer. — Au sourire de la personne qui voulait bien me guider et qui était la présidente même du comité, j'aurais dû m'attendre à quelque surprise. Je traversai un couloir établi en sous-sol, et je pénétrai dans un bâtiment dont je fus étonné de voir toutes les fenêtres et toutes les portes ouvertes : singulière maison de détention, dont nulle clôture n'interdit l'accès ni la sortie. J'ai parcouru des classes vides, des ateliers vides, des dortoirs vides ; une grande salle, qui a dû servir de réfectoire, fait office de préau couvert pour l'orphelinat lorsque le temps est mauvais : cela ressemble à l'annexe d'un pensionnat qui attendrait des élèves ; qu'elles y viennent ! la communauté israélite de Paris saura ne point ménager les sacrifices d'où naîtrait le salut de ses orphelines pauvres. Où donc sont les jeunes détenues ? Il n'y en a pas, il n'y en a plus. L'orphelinat a fermé le refuge ; l'école a tué la prison. Là, je touche du doigt la réalisation du rêve que j'ai formulé si souvent, de voir remplacer les mesures répressives par des mesures préventives et de voir soigner, guérir le mal avant qu'il n'ait atteint le degré où il devient incurable. Il en est de la plante humaine comme des arbres fruitiers que redresse et dirige l'arboriculture. Si l'on veut mettre en espalier un arbre déjà grand, contourné dans sa croissance et de branches assez solides pour résister, on ne réussira pas, les efforts seront vains : on aura beau le fixer contre la muraille, l'y attacher, l'y clouer : par la seule révolte de sa sève, il brisera ses liens et se rejettera avec plus d'énergie vers sa libre expansion. Si on le choisit, au contraire, parmi les plants à peine sortis de terre et dont la forme encore indécise n'a pas pris une direction définitive, on le façonnera aisément à des attitudes déterminées, il obéira sans peine à la main qui prendra soin de ses pousses nouvelles, et la contrainte qu'on lui aura imposée rendra ses fruits plus nombreux et plus succulents. Dans cette pépinière de Neuilly, le jardinier en chef a eu l'intelligence perspicace et bienfaisante.

Une telle modification ne s'est point accomplie en un jour. On avait remarqué que le refuge ne produisait que des résultats incomplets et que bien des jeunes filles séquestrées, soumises à un régime mixte participant de l'école, de l'atelier et de la prison, retournaient au vice dès que l'heure de la majorité sonnait celle de leur libération. On s'aperçut que l'action réparatrice ne parvenait pas à s'exercer sur des malheureuses déjà mal imprégnées et qui s'étaient trop abreuvées à la coupe pleine de menteuses promesses et de châtiments certains que la débauche avait offerte à leurs lèvres. Le labeur auquel on se condamnait était fertile en déceptions ; on en fut attristé et l'on arriva, par expérience, à cette conclusion qu'il fallait devancer l'explosion du vice si l'on voulait s'en rendre maître. Dès lors, au lieu d'aller chercher des petites détenues à Saint-Lazare dans l'espoir de les rendre à la vie correcte, on regarda dans les milieux contaminés et on y enleva les enfants que l'exemple seul aurait perdues. Le succès dépassa toute espérance : à mesure que l'orphelinat se développait, le refuge s'atrophiait ; comme un feu qui s'éteint faute d'aliment, il meurt. Si l'expérimentation continuée fournit les mêmes résultats, il va être sans objet et l'on n'aura plus qu'à le fermer. C'est aux dames du comité que revient l'honneur de cette transformation, qui est un exemple mémorable de ce que peut le bon vouloir, et un encouragement pour les âmes charitables qui seraient tentées de les imiter. La communauté juive est propice aux enquêtes, car elle est peu nombreuse, d'accès facile pour ses coreligionnaires, et ne se refuse pas aux bienfaits qu'on lui offre. Dans les quartiers misérables, parmi les familles vivant de métiers interlopes, parfois chargées d'enfants qui, dès le premier âge, vaguent à travers les rues, on va recueillir les fillettes dont la destinée s'annonce mal ; on ramasse celles que leurs parents ont délaissées, celles dont le père ou la mère est à l'hôpital, celles, comme disent les statuts, qui sont nées dans des conditions irrégulières, celles que nulle étiquette légitime n'a marquées à la première heure, et on les emporte dans la maison de Neuilly, infirmerie morale où l'on guérit les gourmes intellectuelles et où l'on rend toute santé à l'esprit. De cette façon, l'œuvre de préservation est complète ; on empêche la pauvrette de tomber, ce qui vaut mieux que d'avoir à la relever après sa chute. Malgré la précocité extraordinaire de certaines natures que j'ai eue à signaler,[1] il est rare que le sort de la femme se décide avant la quinzième année, et même, comme, dans un certain monde pénible à regarder, les prescriptions du code pénal ne sont point ignorées, on peut, sans fausser la vérité, reporter à seize ans l'âge des sollicitations malsaines et des irréparables sottises. On semble le savoir à Neuilly, car parmi les 39 élèves reçues en 1885 et 1886, une seule a dix-huit ans, la plus âgée des 38 autres ne dépasse pas la quatorzième année, et 13 seulement ont plus de dix ans. Cela est d'une prévoyance sérieuse. Plus l'enfant admise à l'orphelinat sera jeune, moins elle apportera de déceptions à ses bienfaitrices et plus les résultats satisferont le cœur des mères qui se sont dévouées à cette œuvre de choix, en mémoire d'une fille que la mort a ravie à leur tendresse.

V. — L'APPRENTISSAGE.

Parmi les œuvres que protège et soutient le comité de bienfaisance israélite, j'en ai vainement cherché une qui fût pour les jeunes garçons ce que l'orphelinat-refuge présidé par Mme Coralie Cahen est pour les jeunes filles ; je ne l'ai point découverte et j'en ai été surpris. Dans les travaux de la charité juive, que l'on ne saurait trop louer, c'est une lacune. Avoir fait tant d'efforts pour arracher des Gilettes à Saint-Lazare et laisser des garçonnets achever de se pervertir à la Petite-Roquette, c'est une contradiction douloureuse à constater. L'enfance mâle d'Israël est-elle donc indemne ? la grâce céleste l'a-t-elle préservée de toute prévarication ? Je n'en crois rien. Le vice est d'essence humaine ; il ne se soucie guère des religions

---

1 Voyez la *Revue* du 15 juillet, *les Associations protestantes à Paris, les Diaconesses.*

Maxime Du Camp

ni des philosophies : baptême ou circoncision, peu lui importe, il saisit sa proie dans les églises comme dans les temples, dans les synagogues comme dans les mosquées. Il sollicite l'homme et, lorsqu'il s'en empare au cours du premier âge, il faut se hâter de le lui arracher. Certes, il est moral de fermer à la femme le chemin de la débauche, mais j'estime qu'il est d'un intérêt supérieur, d'un intérêt social bien plus considérable, de protéger l'homme contre ses mauvais instincts et de le détourner du forfait. Il a existé des dynasties de voleurs dont les archives de la justice n'ont point perdu le souvenir : les Piednoir, les Cœur de Roy, les Nathan ont été célèbres ; cette dernière famille, composée de quatorze personnes, avait mérité deux cent neuf années de prison. Ceux-là et d'autres que l'on pourrait nommer étaient de race juive, et l'on eût sans doute rompu toute hérédité malfaisante, si l'on eût pris les enfants, si on les eût façonnés à d'autres mœurs, si on leur avait enseigné à marcher dans la voie du bien. Ce que l'on n'a pas fait autrefois, à l'époque où la communauté israélite n'avait point acquis l'importance dont elle jouit actuellement, pourquoi ne pas le faire aujourd'hui ? Pourquoi ne pas se modeler sur l'excellente maison de Neuilly et ne pas essayer si d'un refuge pour les garçons envoyés à la correction paternelle, on ne parviendrait pas aussi à faire un simple pensionnat de jeunes garçons ? Une telle œuvre est pour tenter un homme de bien, et celui qui y attacherait son nom pourrait en être fier. Je ne puis m'empêcher de regretter que la bienfaisance israélite, si active, si généreuse, n'ait point créé une institution analogue à l'école industrielle que le protestantisme a établie à Belleville et dont l'utilité se démontre par les résultats obtenus. Lorsqu'il s'agit d'un enfant rétif et vicieux, il convient de se rappeler que, dans *Gil Blas*, Balthazar Velasquez dit, en parlant de son fils : « Je l'ai même fait entrer dans une maison de force et il n'en est devenu que plus méchant.[1] »

Je suis d'autant plus étonné de cet oubli de la charité d'Israël, qu'elle regarde avec sollicitude du côté de l'enfance, et qu'elle ne néglige rien pour la munir d'armes loyales en vue du combat de la vie. Elle lui a ouvert des orphelinats et des écoles de travail qui, sous bien des rapports, m'ont paru irréprochables. L'orphelinat, qui est à cette heure un établissement complet, spécialement construit et

---

1 *Gil Blas*, liv. X, chap. XI.

V. — L'APPRENTISSAGE.

largement ouvert, a eu d'humbles débuts. J'en retrouve la première trace en 1810. Une petite fille de cinq ans restée orpheline est placée, par les soins et aux frais du comité de secours israélite, chez une femme qui se charge de la nourrir, de l'élever, de lui faire apprendre une profession utile et de la garder pendant sept années consécutives, en échange d'une pension mensuelle de 24 livres. Ce procédé de placement des orphelins dons des familles fut continué jusqu'au jour où le nombre des enfants, devenu considérable, engagea la communauté à leur consacrer une maison spéciale. Le comité avait fait un appel qui fut entendu. La famille de Rothschild répondit par un don de 200,000 francs, qui, jugé insuffisant, fut suivi d'un autre de même valeur. On s'installa rue des Rosiers, où la maison disposée pour recevoir cinquante enfants des deux sexes fut ouverte en 1857. C'est à l'aide de souscriptions recueillies et utilisées par le comité de bienfaisance que fonctionnait l'orphelinat, qui bientôt devint trop étroit. On y était campé comme à une étape de voyage. On avait tiré parti d'un local mal distribué ; l'espace manquait partout : la même salle servait de réfectoire, de classe et de parloir ; un préau resserré recevait, à l'heure des récréations, les petits garçons et les petites filles. On était encombré, et ce pêle-mêle n'était favorable ni au travail ni à la discipline. On se maintint de la sorte pendant dix-sept ans ; mais l'expérience était faite, elle était concluante : les cent cinquante enfants qui avaient traverse l'orphelinat n'avaient point trompé les espérances de leurs bienfaiteurs ; ils avaient bien tourné, comme l'on dit, et c'en était assez pour activer l'émulation d'une femme de bien. Mme Salomon de Rothschild acheta un terrain situé dans la rue de Lamblardie, qui met en communication la rue Picpus et la place Daumesnil ; elle y fit construire un orphelinat qui fut inauguré le 3 juin 1874.

Lorsque je l'ai visité, il contenait 107 enfants : 50 filles et 57 garçons. Il est très bien aménagé, distribué intelligemment en classes, en préaux, en dortoirs réservés à chaque sexe. La lingerie est amplement pourvue, la cuisine est vaste, et la salle de bains est convenablement outillée. Nulle souscription ne vient plus en aide à cette maison, qui est actuellement la propriété particulière de M. Edmond de Rothschild. C'est lui qui en a la charge. Là, il fait acte de père de famille ; les orphelins sont à lui, il les loge, les couche, les nourrit, les instruit, les soigne et les protège.

Semblable à ces capitaines de la renaissance qui levaient des compagnies franches pour librement guerroyer, il a réuni une troupe d'écoliers pour combattre avec eux le bon combat de la civilisation. L'orphelinat n'est point doté d'un budget fixe ; tous les mois le bordereau des dépenses est transmis à qui de droit et acquitté à présentation. Péché d'envie : on regrette de n'en pouvoir faire autant, car je n'imagine pas qu'il puisse exister une sensation plus douce que de savoir que tant de pauvres petits vous doivent l'abri, le pain quotidien, l'instruction et la sécurité de l'existence. Dans le principe, la maison était exclusivement réservée aux orphelins de la communauté parisienne ; mais en 1871, après le traité de Francfort, elle s'est ouverte devant les enfants des israélites d'Alsace-Lorraine dont le cœur avait adopté pour patrie cette France qui, la première entre les nations, reconnaissant les droits de citoyens aux juifs, les avait arrachés aune servitude plus longue que celle d'Egypte. D'autres circonstances étrangères à notre pays ont encore élargi l'hospitalité de l'orphelinat ; il ne pouvait rester fermé devant les petits enfants expulsés de Pologne, chassés de Russie, qui, recommençant l'éternel exode de leur race, élevaient les mains vers leurs coreligionnaires de Paris. Marchant le long des routes entre l'homme à longue barbe et la femme au teint pâle, ils ont pu chanter la complainte d'Isaac Laquedem :

Juste ciel, que ma ronde

Est pénible pour moi !

L'orphelinat Edmond de Rothschild a donc aujourd'hui un caractère cosmopolite ; il abrite les victimes des persécutions détestables, et fait bien.

Cet orphelinat est une école volontiers close aux influences extérieures. Là on s'empare de l'enfant et on le soustrait à sa famille, à laquelle on se substitue. Ceci est le résultat de l'expérience que j'ai constatée dans toutes les maisons où l'on accueille des enfants de condition misérable, car la morale de la maison paternelle ne ressemble en rien à celle de l'école ; aussi, pour mieux se rendre maître de ces petites cervelles avant qu'elles n'aient été imbues de principes délétères, on prend les élèves très jeunes, dès l'âge de quatre ans, s'il se peut ; nul n'est admis lorsque la dixième année est sonnée. Les orphelins ont leurs vacances scolaires, comme les

V. — L'APPRENTISSAGE.

lycéens, comme les écoliers de l'enseignement municipal, mais ces vacances se passent rue de Lamblardie, avec promenades au bois de Vincennes et ailleurs ; on évite ainsi les contacts douteux. Au là juillet, ils célèbrent la fête nationale, ils promènent leurs drapeaux, ils chantent les chansons patriotiques, ils allument les lampions, mais à huis-clos, dans leurs cours de récréation : de cette façon ils ne rentrent pas ivres, ce qui arriverait indubitablement s'ils étaient sortis en compagnie de leurs parents. Cinquante-sept garçons, ai-je dit, et cependant pas un seul instituteur ; pour toutes les classes, je ne compte que des institutrices, qui, sans exception, ont été élevées dans la maison même. Cela est judicieux, car la femme, par les fonctions auxquelles la nature l'a destinée, est douée de qualités pédagogiques que l'homme, — j'entends le plus intelligent et le meilleur, — ne possédera jamais qu'exceptionnellement. Il suffit de voir une petite fille jouer à la poupée pour en être convaincu. On a essayé des maîtres à l'orphelinat, et l'on y a renoncé pour n'avoir recours qu'à des maîtresses. On s'en trouve bien, du moins me l'a-t-on dit, et je le crois.

Là, ainsi que dans d'autres établissements analogues, la jeune fille est considérée comme un objet fragile que l'on ne saurait entourer de trop de soins ; c'est pourquoi les orphelines sont gardées jusqu'à ce que l'on soit parvenu à les caser convenablement. Tout le service intérieur de la maison est fait par d'anciennes élèves qui trouvent de la sorte une rétribution, des occupations qui ne sont pas excessives, une camaraderie douce et la discipline à laquelle elles sont accoutumées depuis l'enfance. D'autres, selon leurs aptitudes et le degré de culture qu'elles ont pu atteindre, sont placées en qualité de cuisinières, de femmes de chambre, d'institutrices, autant que possible dans des familles israélites que l'on connaît et dont la moralité offre toute garantie. Il est rare qu'elles ne restent pas en relations avec l'orphelinat après qu'elles l'ont quitté. Elles y apportent leurs gages que l'on fait fructifier ; c'est le bon moyen de leur enseigner la science et les avantages de l'épargne ; Israël y excelle, et sait depuis longtemps que les petits ruisseaux font les grandes rivières. Parfois, les orphelines viennent demander asile à la maison où leur adolescence s'est écoulée ; l'une d'elles, mariée, est venue avec son enfant y passer les vingt-huit jours de veuvage que lui imposait le service militaire de son mari. Les garçons ne jouissent pas des mêmes privilèges ; quand on les a débrouillés, qu'on leur a donné des éléments d'instruction, qu'on les a fortifiés par la gymnastique, par des bains, par une hygiène salutaire, on s'en sépare généralement vers la treizième année ; on les dirige, selon les qualités intellectuelles que l'on a pu constater chez eux, soit vers des classes supérieures, soit vers une école d'apprentissage. Si je ne me trompe, ils doivent sortir de l'orphelinat avec une habileté manuelle déjà appréciable. J'ai remarqué que l'on s'ingéniait à développer l'adresse de la main, ce qui est une éducation préalable excellente pour des enfants appelés, presque tous, à devenir ouvriers. A l'aide de bandes étroites de papiers teintés, de brins de paille, on leur fait exécuter de petits ouvrages de fantaisie, où l'imagination peut s'évertuer à l'aise, en cherchant, en trouvant des combinaisons de lignes et de couleurs qui parfois ne sont pas déplaisantes aux yeux. De la sorte, l'enfant apprend à réfléchir et sait diriger l'agilité de ses doigts, ce qui ne lui sera pas inutile lorsque, ayant terminé son temps à l'orphelinat, il sera admis à l'école de travail que dirige la Société de patronage des apprentis israélites de Paris, qui a été reconnue comme établissement d'utilité publique par décret du 15 avril 1878.

Cette école ou, pour mieux dire, le patronage des apprentis a été fondé en 1852. Ses destinées ont été semblables à celles de l'orphelinat Rothschild. On a commencé par mettre des enfants en apprentissage chez des patrons qui, moyennant une somme débattue, se chargeaient de leur entretien. Puis on a eu des visées meilleures : on voulut avoir les apprentis sous la main, supprimer les subventions et les remplacer par un internat où les enfants, logés, nourris et vêtus, pourraient, au retour des ateliers, profiter d'une classe du soir que l'on ouvrirait spécialement pour eux. Des écoles semblables existaient à Strasbourg, à Mulhouse, et les jeunes Israélites qui les fréquentaient y acquéraient des notions dont bénéficiait leur vie entière. On redoutait les frais considérables qu'une telle fondation entraînerait à Paris ou les terrains, les constructions, les loyers sont trop onéreux. On n'osait pas prendre une résolution ferme, et l'on se contentait de faire des projets, lorsqu'un acte d'initiative personnelle détermina la création devant laquelle le comité de bienfaisance hésitait. M. Alexandre Lazare donna 10,000 francs à la Société de patronage. Ce fut avec cette

V. — L'APPRENTISSAGE.

somme relativement modique que, vers la fin de 1865, on s'installa dans une maison louée rue des Guillemites. On débuta avec douze élèves ; au bout de quelques années, on en comptait quarante ; il s'en présentait d'autres intéressants, énergiques, voulant bien faire : où les placer ? Moins de dix ans après l'ouverture de l'école, elle était devenue tellement insuffisante qu'il fallut la quitter. Un don considérable lui avait été fait. M. Dreyfus-Dupont, maître de forges à Ars-sur-Moselle, abandonna l'Alsace après la conclusion du traité qui mit fin à la guerre de 1870-1871. Il offrit à la Société de patronage 100,000 francs, à la condition que l'école du travail compterait toujours parmi ses élèves dix apprentis alsaciens-lorrains. En outre, comme il fallait déménager, M. Alexandre Lazare donna quinze lits complets pour la nouvelle installation. Où aller ? rue des Rosiers, à la place de l'orphelinat qui venait d'être transporté dans l'immeuble de la rue Lamblardie.

Au numéro 4 *bis* de la rue des Rosiers, presque en face de la rue des Juifs, s'ouvre une porte bâtarde et discrète jusqu'à l'humilité. L'intérieur de la maison est sombre, avec quelque chose de voilé, comme un cloître. Des éclats de voix, des rires, des clameurs chassent vite cette impression : c'est fête aujourd'hui, les apprentis ne sont point à leur ateliers, ils sont au logis, dans leur préau, après le repas de midi, et leur récréation n'a rien de recueilli. A peine m'ont-ils aperçu qu'ils décampent, vont retirer leur blouse, revêtent leur tunique de sortie et s'installent dans une classe où je les retrouve silencieux, assis et occupés à lire. Cela ne me plaît guère : je ne suis pas venu pour les interroger, et j'aurais préféré les voir en libre expansion, jouer à saute-mouton ou à la balle au camp. La maison est vieillotte, cela se voit ; dans le principe, elle devait être bien incommode, car le corps de logis où sont les dortoirs et les classes n'existait pas encore. Cela n'importe guère aujourd'hui, et l'institution est appropriée ; les élèves y font leur repas et y dorment ; pendant le jour, ils sont dispersés dans leurs ateliers respectifs, au hasard des métiers qu'ils ont choisis. Ceux qui sont là, que nul souci d'existence ne peut inquiéter, qui reçoivent les soins compatibles à leur santé physique et à leurs aptitudes morales, savent-ils qu'ils jouissent d'une rare bonne fortune ? La protection que le comité de patronage étend sur eux est très féconde, et l'on semble mettre de l'amour-propre à ce que le pupille fasse honneur à la maison. Matériellement la vie est large : si ces gaillards-là souffrent de la faim, j'en serais surpris, ou leur mine est menteuse. Dans la cuisine éblouissante de propreté, mais beaucoup trop petite pour préparer sans fatigue trois fois par jour le repas de quatre-vingts personnes, j'avise une cuisinière crespelée, d'un type étrange, qui coupe des carottes avec autant de conviction que Judith a coupé le cou d'Holopherne. On tient à ce que la nourriture soit abondante ; on a raison : des enfants de quatorze à dix-huit ans ne se font de bons muscles qu'avec une forte alimentation.

Le programme de la journée fera comprendre l'économie de l'institution ; je voudrais qu'il y en eut beaucoup de semblables, car elle est conçue dans un esprit très libéral : neuf fois sur dix elle est supérieure à la famille qu'elle remplace, et elle est un bienfait de premier ordre pour les enfants qu'elle adopte et conduit jusqu'à l'heure où l'apprenti devient ouvrier. En hiver, les enfants sont levés à cinq heures et demie, à cinq en été. Après avoir dit la prière en commun, ils font un premier repas composé d'une soupe ; puis chacun s'en va vers l'atelier où il fait son apprentissage. Ceux qui se rendent dans les quartiers voisins reviennent à la maison pour le repas de midi ; les autres, auxquels la distance imposerait une course trop longue, emportent leur déjeuner dans une boite de fer étamé et peuvent de la sorte éviter les cabarets, les crémeries, qui ne sont point précisément des lieux de sélection pour des adolescents souvent plus curieux qu'il ne conviendrait. La rentrée se fait aux environs de sept heures ; on arrive successivement de chez les patrons, et à sept heures et demie, il est rare que tous les pensionnaires ne soient pas réunis autour de la table du souper. Après quelques minutes de jeux ou de bavardage, on se rend aux classes, et jusqu'à dix heures on assiste à des cours spéciaux qui donnent aux élèves des notions d'ensemble dont ils pourront tirer profit plus tard, lorsqu'ils seront ouvriers, contremaîtres ou patrons. Le but que l'on vise se découvre facilement : on veut, par une éducation à la fois professionnelle et généralisée, mettre les enfants à même de franchir les degrés de la hiérarchie ouvrière et de parvenir à être chef de maison ; à cet égard, les leçons de mathématiques, de dessin, d'histoire, d'économie industrielle qu'ils reçoivent leur seront d'un précieux secours. Plusieurs de ces apprentis témoignent déjà de certaines habiletés dont j'ai été

V. — L'APPRENTISSAGE.

frappé : j'ai vu des gravures au burin et à la pointe sèche pleines de promesses, des essais de sculpture, de ciselure qui annoncent des mains d'artisan rompues aux difficultés du métier ; j'en conclus que l'école est bonne, que les enfants sont assidus au travail et qu'ils obéissent à d'intelligentes impulsions.

Le directeur de la maison est M. Reblaud, qui fut instituteur à Colmar avant 1870. Je ferai remarquer, en passant, que la communauté israélite de Paris a attiré, retenu, employé beaucoup de ses coreligionnaires d'Alsace-Lorraine, et que, dans une mesure très appréciable, elle a fait ainsi acte de patriotisme. Le choix d'un état est chose difficile, surtout à l'âge où bien souvent l'on prend ses désirs pour une vocation ; aussi le directeur est toujours consulté, et je crois que son opinion prévaut, car il ne l'impose pas et laisse à l'expérience le temps de se produire. Parfois l'enfant s'obstine à débuter dans un métier auquel on le juge impropre ; loin de lutter contre lui et de l'éloigner de la carrière qu'il a adoptée, on le laisse faire ; deux mois, trois mois au plus d'apprentissage suffisent à ramener l'élève à une appréciation plus nette de ses aptitudes : il écoute alors les conseils qui lui sont donnés, s'y conforme et, presque toujours, n'a pas lieu de s'en repentir. La plupart des métiers que recherchent les apprentis sont des métiers d'une certaine élégance, auxquels l'adresse, l'attention, le goût et quelque faculté d'invention sont nécessaires. Le dernier compte-rendu détaillé que j'ai sous les yeux est celui de 1885, dans lequel sont indiquées les professions étudiées par 74 enfants, dont plus de la moitié, — 40, — sont : horlogers, 10 ; bijoutiers, 9 ; graveurs, 14 ; tailleurs de diamants, 5. Tous les métiers sont paisibles, assis pour ainsi dire, exigent peu de vigueur musculaire, mais une grande habileté manuelle ; le métier le plus bruyant que je découvre au milieu des ciseleurs, des monteurs en bronze, des sculpteurs sur bois, des ébénistes, des tapissiers, des dessinateurs est celui de serrurier, représenté par trois apprentis. Les tailleurs de diamants pourront-ils à Paris se parfaire en leur art, qui parait être une spécialité de la race israélite, et ne serait-il pas sage de les envoyer terminer leurs études à la taillerie d'Amsterdam, dont la rivale n'existe pas encore ?

La Société de patronage ne s'occupe pas seulement des élèves que j'ai vus réunis à la maison de la rue des Rosiers, elle englobe aussi dans son influence tutélaire un certain nombre d'externes qu'elle pensionne et qui viennent assister aux classes du soir. Chacun de ces enfants reçoit, par an, un costume complet et, tous les mois, une subvention qui varie de 5 à 15 francs. C'est donc en réalité un lycée d'apprentissage avec internat, externat et distribution solennelle des prix ; ceux-ci sont offerts par des donateurs qui envoient des volumes, des livrets de caisse d'épargne et même (année 1883) six douzaines de mouchoirs. Le soir de la distribution des prix, toute l'école, — élèves et maîtres, — est conduite à un théâtre, aux frais du président du comité. Cette institution très simple et bienveillante, où les punitions sont inconnues, où le bon vouloir du directeur et celui des apprentis semblent s'entr'aider, n'a apporté que bien peu de déceptions aux fondateurs. Depuis qu'elle existe, on a pu constater que les élèves de « l'école du travail » avaient fait bonne route dans la vie, et qu'à peine un demi pour cent n'avait point réalisé les espérances que l'on avait conçues. C'est là une moyenne tout à fait exceptionnelle et qui prouve l'excellence des méthodes adoptées ; elle démontre aussi qu'il est facile d'agir sur une quantité restreinte d'enfants dont on a le loisir d'étudier le caractère et de reconnaître les aptitudes. Les succès moraux obtenus dans ces maisons sont la condamnation des établissements d'enseignement et autres dont la population nombreuse, — parfois six cents élèves, souvent plus, — neutralise toute bonne influence, multiplie les mauvais exemples, courbe les enfants les moins semblables sous une règle que l'uniformité rend absurde, et conduit d'échec en échec à des résultats négatifs. On peut dire avec certitude que toute maison d'éducation contenant plus de cent écoliers est condamnée à l'impuissance.

L'excellente organisation que je viens de voir fonctionner rue des Rosiers, je la retrouve boulevard Bourdon, à « l'école de travail pour les jeunes filles israélites, » qui est une fondation et une propriété particulière. Nous avons déjà constaté et nous constaterons encore que, dans le monde israélite riche, on possède des institutions de bienfaisance comme on possède une galerie de tableaux ou une écurie de chevaux de course. A l'opulence ainsi comprise, on ne peut qu'applaudir. C'est exclusivement à M. Louis et à Mme Amélie Bischoffsheim que l'on doit la création de cet établissement, dont l'influence rayonne jusque dans les pays d'Orient ; en mourant, ils l'ont laissé à leur famille, qui a accepté le legs avec gratitude et le développe avec persistance. Mme Jules Beer, la fille des fondateurs, surveille la maison, la visite souvent, assiste aux examens, n'y ferme jamais sa bourse et connaît la valeur personnelle de chacune des élèves qu'elle aime à nommer ses filles. Comme toutes les œuvres bien conçues, celle-ci a pris un accroissement rapide. On l'inaugura, le 1er mai 1872, dans un local loué à cet effet place de l'Arsenal, n° 6 ; on comprit tout de suite qu'il y aurait un intérêt moral à s'agrandir et à s'installer convenablement d'une façon définitive. M. Louis Bischoffsheim acheta un terrain sur le boulevard Bourdon et y fit élever une très belle maison où l'on put entrer au cours de l'année 1877. A parcourir cette maison, on reconnaît qu'elle a été construite pour une destination déterminée, elle est faite pour l'enseignement, pour l'éducation professionnelle ; l'air circule partout et la cour des récréations est accostée d'un vaste préau couvert. Elle a été, dès le début, placée sous l'autorité de M. Joseph Bloch, qui, pendant longtemps, avait été directeur de l'école israélite de Colmar, — encore un Alsacien. A sa mort, en 1833, son fils, M. Maurice Bloch, l'a remplacé et a continué les traditions paternelles, empreintes d'indulgence et d'aménité. A ma question : « Quel est votre mode de punition ? » il a répondu : « Je ne punis jamais ! »

La maison, par la disposition des classes et des dortoirs, peut abriter cinquante élèves ; elle était pleine lorsque je l'ai visitée. Les demandes d'admission ont été, dès le principe, si pressantes et si nombreuses, que l'on a dû établir un concours entre les postulantes. Donc, il faut montrer patte blanche et subir des examens avant d'avoir droit aux leçons de a l'école de travail. » Y entrer, c'est avoir donné quelques espérances dont on se charge de faire des réalités. La limite d'âge est fixée, pour l'admission, entre douze et quinze ans ; la durée des cours étant de trois années, on a terminé ses études et l'on est rendu à la liberté de quinze à dix-huit ans.

Quinze ans, ô Roméo ! l'âge de Juliette.

C'est bien jeune, et, pour des motifs qui ne sont point à expliquer, il vaudrait mieux reculer l'époque de la sortie. Tout en recevant un enseignement commun qui comprend la gymnastique, la danse, le chant, la couture, la musique et l'anglais, les élèves sont divisées en trois classes correspondant à trois catégories de fonctions : les institutrices, les commerçantes, les ouvrières. Les premières sont autorisées à prolonger le séjour à la maison pendant deux ans, jusqu'à ce qu'elles aient obtenu le brevet supérieur ; les matières dont on exige la connaissance ne découragent ni l'émulation des pensionnaires, ni celle des bienfaiteurs, qui, pour répondre aux exigences des programmes universitaires, ont été obligés de multiplier les cours faits par des professeurs spéciaux : physique, chimie, histoire naturelle, botanique, littérature, histoire ancienne, géographie universelle, géométrie, dessin, musique ; les pauvres petites cervelles s'approprient, vaille que vaille, toutes ces notions, dont la plupart sont d'une utilité contestable et qui semblent destinées moins à féconder des intelligences qu'à créer des obstacles devant une carrière trop encombrée. A quand la docimasie, la morphologie, la tératologie, la paléographie, l'hippiatrique et le calcul infinitésimal ? et surtout à quand la science féminine par excellence, l'économie domestique qui s'appelle tout simplement : la bonne tenue de la maison ? Depuis quelque temps, on réagit fortement et avec sagesse contre le surmenage intellectuel ; le meilleur moyen d'y mettre fin serait peut-être d'interroger individuellement les examinateurs sur les matières que l'on impose à l'étude des candidats. La partie n'est pas égale : trois professeurs munis de manuels, de livres, de textes imprimés contre un seul enfant qui n'a que sa mémoire pour auxiliaire, c'est excessif, et Don Quichotte estimerait que c'est peu chevaleresque. Trop demander, c'est s'exposer à ne rien obtenir, et voilà les médecins qui nous démontrent que le résultat le plus clair des méthodes nouvelles est la maladie. A la fondation Bischoffsheim, on est plus pratique : on se conforme aux programmes, parce que, sous peine d'échouer, il n'est point possible de s'y soustraire ; mais on fait faire un apprentissage raisonné, pour ainsi dire matériel, aux élèves qui, déjà pourvues du brevet élémentaire, visent le brevet supérieur. On les met à l'œuvre tout de suite ; on en fait des pédagogues, ce qui leur apprend la pédagogie. Elles sont chargées de faire la classe à leurs compagnes plus jeunes ou moins instruites ; promptement elles font preuve de sûreté dans la diction ; elles ont de l'autorité et la qualité maîtresse sans laquelle nulle autre ne vaut et qui est la clarté d'enseignement. C'est une sorte de stage qui leur permettra d'entrer plus-tard d'emblée en l'onction, sans timidité, car elles l'auront vaincue, et avec l'habitude du métier, car elles l'auront exercé. J'ajouterai que

V. — L'APPRENTISSAGE.

l'aplomb acquis en donnant des leçons ne leur sera pas inutile et les aidera à conserver leur sang-froid lorsqu'elles s'assoiront devant le tribunal redoutable qui siège à l'Hôtel de Ville et qui a pour mission d'apprécier la capacité d'autrui. Depuis la fondation de l'école, 'quatre-vingt-quinze élèves se sont présentées aux examens et quatre-vingt -quinze ont été reçues. On peut convenir que la moyenne est satisfaisante.

Les futures ouvrières sont dirigées par des maîtresses venues de l'extérieur qui apportent les modèles, fournissent la matière et président à la besogne ; la journée est divisée en quatre heures et demie de travail aux ateliers et deux heures de classe. Les élèves suivent un cours de « coupe » qui, paraît-il, est de haute importance pour leur avenir, car c'est l'élégance du coup de ciseau qui fait le renom des bonnes faiseuses. Les pupilles qui se destinent au commerce reçoivent des leçons de comptabilité, de tenue des livres en partie double, et sont exercées à un genre particulier de correspondance conçue de façon à leur enseigner ce qu'on pourrait appeler la géographie industrielle. La femme, n'en déplaise aux caissiers qui volontiers voyagent du côté de la Belgique, est un agent comptable de premier ordre et bien moins susceptible d'entraînement que l'homme ; elle ne joue point à la Bourse, reste indifférente à la séduction des chanteuses de café-concert et ne passe jamais les nuits au cercle. Cela seul lui crée une supériorité dont on se trouve bien dans les maisons que l'élément masculin n'a pas encore complètement envahies.

Par une disposition obligatoire des fondateurs, douze places, dans l'école Bischoffsheim, sont réservées à des juives orientales. C'est *l'Alliance israélite*, dont la plus constante préoccupation est l'œuvre des écoles en Orient, qui se charge de désigner les élèves aptes à recevoir l'instruction française. On les amène de leurs pays lointains ; elles ont quitté le quartier de la ville qui est réservé à leurs coreligionnaires, elles ont traversé la Méditerranée, elles ont mis le pied sur la terre de l'égalité par excellence, et elles ont été conduites à Paris, où la maison les a maternellement accueillies. De presque toutes on fait des institutrices, et l'on n'a qu'à s'en louer. Elles retourneront aux contrées du soleil, où le muezzin chante dans la galerie des minarets, où les chiens errants vaguent à travers les rues, où les sentinelles accroupies tricotent devant la porte du corps de garde ; elles rentreront au milieu d'une civilisation si ancienne et demeurée si stationnaire qu'elle est devenue la barbarie ; elles y importeront la civilisation moderne, la civilisation française ; elles la professeront, pour ainsi dire, dans les écoles qu'elles auront à diriger, et ce sera au grand bénéfice de notre influence. Cette œuvre, qui est une œuvre de moralisation et de propagande, où notre renom ne peut que grandir en Orient, est excellente, féconde et mérite d'être encouragée. Si le gouvernement accordait le passage gratuit aux filles d'Israël qui viennent s'imprégner de nos idées pour les répandre autour de leurs berceaux, il agirait sagement. Ce n'est pas seulement aux femmes de leur race que leur enseignement profitera, c'est à la femme d'Orient, dont la condition déprimée, presque animale, a frappé tous les voyageurs. Elles relèveront le niveau moral, le niveau social de « la plus belle moitié du genre humain. » Elles lui apprendront que la femme, sans porter ombrage à l'homme, peut être intelligente, instruite et bonne ; qu'elle a un rôle enviable à remplir ; que c'est à elle qu'il appartient de modeler l'âme des enfants ; que dans l'existence elle doit être une associée et non pas une serve, que c'est d'elle que dépendent les bonheurs intérieurs, et que tout l'Orient, à quelque communion qu'il se rattache, s'est trompé, a été coupable en la réduisant à n'être qu'une bête de somme et de plaisir.[1] Je les ai vues, ces petites Orientales, au milieu de leurs compagnes, vêtues comme elles et parlant un français irréprochable. Naturellement, j'ai voulu faire montre de ma perspicacité, et avisant une fillette blonde qui a de jolis yeux bleus et la peau rosée, j'ai dit : « — Ah ! celle-ci n'est point éclose sous le soleil, elle doit venir d'Alsace. — On m'a répondu : — Elle nous arrive de Tanger. » Une autre, brune, avec des cheveux indociles et « des yeux qui sont d'un noir d'enfer, » ne me laissa aucun doute : « Elle est de Jérusalem ? — Non, monsieur, elle est née rue Beautreillis, dans le quartier Saint-Antoine. » Je ne voulus pas en avoir le démenti : je me tournai vers une femme qui m'accompagnait et dont j'avais remarqué le regard profond, le teint mat, les mains admirables. « Et vous, madame, êtes-vous

---

1 Les villes d'Orient possédant des écoles Israélites dirigées par d'anciennes élèves de l'école Bischoffsheim sont Andrinople, Constantinople, Choumia, Philoppcopoli, Damas, Tatar-Bazardjlck, Tanger, Tétouan, Tunis, Saloniquc, Bayrouth. Sur cette liste je regrette de ne pas voir figurer Jérusalem, Hébron, Saphet, Tabarieh, où il y aurait tant à faire, si rien n'y a été changé depuis trente ans.

V. — L'APPRENTISSAGE.

d'Alger ou de Damas ? — Non, monsieur, je suis de Mulhouse. »
J'arrêtai là mes observations ethnologiques. L'une d'elles est de
Smyrne, elle me le dit ; tout un bouquet de souvenirs s'épanouit
dans ma mémoire. Je revis le château ruiné du mont Pagus, les
cyprès du champ des morts, le pont des Caravanes, le Méandre
où flottent les tortues, et l'aqueduc tout vêtu de verdure où mon
cheval a bu lorsque je partais pour Éphèse. C'était à cette heure que
je criais aux échos le lied de Goethe : « J'ai mis mon bien dans les
voyages et dans les migrations, ohé ! ohé ! » Je regardais la petite
Smyrniote, qui ne devinait guère pourquoi je restais immobile
devant elle. Je lui dis : *Kaliméra, kyria mou ; isté poly evmorphi*. Ce
qui signifie tout bêtement : « Bonjour, mademoiselle, vous êtes très
jolie. » Elle devint rouge et ne répondit pas. J'en fus bien aise ; si
elle eût répliqué, je serais resté court, car je venais, d'un seul coup,
de prodiguer ma provision de grec moderne.

Toutes les élèves, Européennes ou Orientales, font, une fois
par semaine, chacune à leur tour, le service de la maison ; elles
s'initient de la sorte aux soins domestiques qui seront dans leur
devoir futur. J'ai dit que dans cette bonne maison l'on ne punissait
point, parce que l'on n'avait pas besoin de punir ; en revanche, on
récompense, et d'une façon vraiment ingénieuse. Quand une élève
a fait preuve de zèle dans le travail et la conduite, on lui confie
la surveillance d'un des services intérieurs ; elle devient quelque
chose comme le sergent-major de la petite compagnie. L'autorité
qu'on lui défère n'est point générale et ne s'exerce que sur un point
déterminé : au dortoir, pour s'assurer de la propreté et de la tenue
des cases de toilette ; au réfectoire, pour préparer le couvert ; à la
classe, pour faire ranger les livres, serrer les cahiers et ramasser
les paperasses ; au vestiaire, pour compter le linge et présider à
la distribution des chapeaux, des manteaux, des parapluies. C'est
encore un apprentissage, celui de l'ordre et de la discipline.[1] « La
fondation Bischoffsheim, » pour être en sécurité sur sa propre
valeur, a participé, en 1884, à l'exposition de Londres, et, en 1885,
à l'exposition de la Nouvelle-Orléans ; à toutes les deux, elle a été
jugée digne d'une récompense et a obtenu un diplôme d'honneur.

---

1   Comme à l'orphelinat-refuge de Mme Coralie Cahen, des livrets de caisse
d'épargne sont donnés, lors de la distribution des prix, aux meilleures élèves ; pour
l'année scolaire 1885-1886, une somme de 1,200 francs a été divisée en vingt-huit
livrets de 20 à 100 francs.

Les élèves parisiennes passent dans leur famille le temps des vacances scolaires ; il ne peut en être de même pour les élèves orientales, elles restent à l'école, mais l'âme généreuse des bienfaiteurs ne les a pas oubliées ; un fonds spécial est destiné à leur procurer les plaisirs compatibles à leur âge, des promenades hors de Paris et même des excursions plus lointaines pendant les mois où les écoliers et les écolières ont quitté les dortoirs des pensionnats. Sous les chênes de la forêt de Fontainebleau, dans les salles du musée de Versailles, regrettent-elles la prairie des eaux douces d'Europe, les jardins fruitiers de Damas, les bords du Nahr-ek-Kelb ? Je n'en serais pas étonné, car la nostalgie de l'Orient est une maladie tenace. Les jeunes filles ayant suivi, pendant trois années, les cours de l'école du boulevard Bourdon, trouvent facilement des conditions qui assurent leur existence. Le plus souvent elles n'ont nulle démarche à faire, nul déboire à supporter, car la direction reçoit plus de propositions d'emploi qu'elle n'a de titulaires ; fournir ; aussi choisit-on les familles et les patrons chez lesquels les élèves sont placées. On pourrait citer des ouvrières qui gagnent 6 francs par jour, et des institutrices, des comptables, dont les émoluments annuels dépassent 2,400 francs. Plusieurs d'entre elles sont parties pour l'étranger, d'autres ont ouvert une petite maison de commerce. La première mise de fonds manquait pour voyager ou pour s'établir ; l'argent s'est trouvé cependant et sans longues recherches, car la famille Bischoffsheim ne se tient pas quitte de maternité pour celles de ses pupilles qui ont terminé leur apprentissage. Elle n'a point non plus limité aux jeunes filles son action bienfaisante, car elle a consacré des sommes importantes aux garçons dont elle s'ingénie à préparer l'avenir. Cette fondation pourrait s'appeler l'œuvre des bourses scolaires. Tous les ans, une vingtaine de jeunes Israélites sont placés dans les lycées de Paris ; les subventions accordées pour toute la durée des études se divisent en trois catégories, dont profitent des externes, des demi-pensionnaires et des internes. Depuis que cette fondation existe, c'est-à-dire depuis 1861, elle a ouvert les carrières libérales à plus de cinq cents jeunes gens, qui n'ont fait mauvaise figure ni à l'École normale supérieure, ni à l'École polytechnique, ni à l'École centrale, ni au barreau, ni aux examens de l'Ecole de médecine. Par cette protection si étendue et si éclairée, la jeunesse d'Israël semble

V. — L'APPRENTISSAGE.

conviée à participer à l'opulence de quelques-uns des siens, comme ces jeunes filles agrégées à une société de patronage libre, présidée par Mme Nathaniel de Rothschild, qui, tous les ans, tirent au sort trois dots de 1,500 francs chacune. Les fiancés ne manquent pas, et, s'ils sortent de l'école de la rue des Rosiers, je n'en serai pas surpris.

Les établissements dont je viens de parler sont conçus dans un excellent esprit, remarquablement organisés, richement dotés, administrés avec une douceur où je crois reconnaître l'intervention féminine, et me paraîtraient dignes de tout éloge, s'il m'était possible de ne pas formuler une restriction ; je ne dissimulerai pas que cela m'est pénible ; je m'expose à choquer bien des idées reçues, que l'esprit de justice ne me permet point de ne pas combattre, parce que ma conscience les repousse. A l'orphelinat Rothschild, à l'école des apprentis, à la fondation Bischoffsheim, j'ai adressé la même question : « Recevez-vous des enfants naturels ? » Partout on m'a répondu : « Non. » Aucun des motifs allégués pour justifier, pour excuser cette exclusion n'est sérieux ; je n'ai point discuté avec des directeurs chargés d'appliquer un règlement qu'ils n'ont point fait, mais je n'en ai été que plus attendri en me rappelant cet article, ce large et maternel article des statuts du refuge de Mme Coralie Cahen : « On reçoit, en outre, des enfants nés dans des conditions irrégulières. » Là est la vraie charité, — la vraie *zédaka*, — de soulager le mal sans en rechercher l'origine, et d'être d'autant plus compatissant pour le malheureux qu'il est innocent de sa propre infortune. Que notre société, fondée sur l'héritage et sur la transmission du nom mâle, ait fait à l'enfant naturel une place restreinte, qu'elle ait amoindri ses droits et ne l'ait laissé entrer dans la famille, quand elle ne l'en a pas exclu, que par la porte dérobée, j'allais dire par la porte bâtarde, je l'admets, car les conventions sur lesquelles les nations ont établi leur mode de vivre sont respectables tant qu'elles subsistent. Mais que la bienfaisance ait des préjugés, qu'elle ne consente à s'exercer qu'après vérification des actes de l'état civil, cela me parait incompréhensible ; je dirai plus, cela me parait coupable, et l'inverse même du but qu'elle cherche à atteindre, qui est l'apaisement des douleurs imméritées et le secours donné à la faiblesse irresponsable d'elle-même. Parmi les enfans malheureux, le plus malheureux, c'est l'enfant naturel, c'est celui qui a la tache originelle dans le berceau, dont le père reste inconnu et dont, bien souvent, la mère se dérobe. Qu'a-t-il fait, quelle est sa faute, en quoi a-t-il mérité d'être tenu en dehors du bienfait, en dehors de l'éducation, de l'enseignement, de l'apprentissage ? Aux causes antérieures à sa naissance, qui déjà lui rendront la vie pénible, pourquoi ajouter l'abandon qui peut-être lui fera la vie criminelle ? J'ai plaidé la cause des filles-mères, pour qui je me sens une commisération infinie ; cette cause, je ne l'ai point gagnée, mais je ne l'ai point tout à fait perdue, et je garde une gratitude profonde pour les femmes de bien qui ont, en partie, exaucé ma prière. La fille-mère est coupable cependant, mais comment l'enfant qu'elle met au monde pourrait-il l'être, et si le droit civil le tient à l'écart, le droit charitable ne doit-il pas le protéger ? Fermer les orphelinats et les écoles à ces pauvres petits équivaut à dire : « Tu es né dans des conditions mauvaises qui doubleront les chances néfastes de la destinée, tu seras plus à plaindre que quiconque ; par le seul fait de ton origine, tu seras moralement et matériellement exposé à toute sorte de périls, c'est pourquoi je le repousse, moi qui cherche à faire le bien et qui suis le dispensateur des largesses de la charité. » Les vices guettent l'enfant que l'on délaisse et le saisissent ; en ne le protégeant pas contre lui-même, on ne se protège pas contre lui, et le danger individuel devient rapidement un danger social. Rejeter l'enfant naturel dans ses misères, dans les tentations malsaines, dans les difficultés dont il se fera un argument en faveur du crime, c'est être injuste et c'est être imprudent.

J'ai été surpris de cet ostracisme dont Israël frappe les enfants d'extraction illégitime, j'en ai cherché la cause, et je ne sais si je l'ai trouvée en l'attribuant à l'un des préceptes de la Loi, qui, nécessaire jadis, lorsque l'on se préparait à la conquête de la terre promise, n'est plus aujourd'hui que lettre morte. Il est dit au Deutéronome (XXIII, 2) : « Qu'un bâtard ne vienne pas dans l'assemblée de l'Éternel ; que même sa dixième génération n'y vienne pas ! » Cette prescription a-t-elle si bien pénétré l'âme des descendants de ceux qui ont erré dans le désert qu'ils ne l'aient point encore rejetée, ou qu'ils ne l'aient point interprétée dans le sens précis, absolument limité, que Moïse lui a donné et qu'il a expliqué dans le verset suivant : « L'Ammonite ni le Moabite ne viendra pas dans l'assemblée de l'Éternel, même leur dixième génération n'y viendra pas. » Le mot *mamzère* prend ici sa signification irréductible ;

il s'agit, il ne peut s'agir que de la double race issue de la caverne où Loth a dormi après la destruction des villes maudites. Si c'est sur ce texte que l'on s'appuie pour se montrer si rigoureux, on se trompe ; il en est un autre auquel on doit se conformer, car il est écrit, selon la justice, au chapitre XXIV du Deutéronome : « On ne fera point mourir les pères pour les enfants ; on ne fera point non plus mourir les enfants pour les pères. » Or, en repoussant l'enfant naturel, on le punit pour son père et pour sa mère, ce qui est contraire à la Loi.

VI. — LE DISPENSAIRE.

Jusqu'à présent, je n'ai conduit le lecteur que dans des établissements secourables ouverts aux israélites par les Israélites ; celui dont je vais parler ne tient compte ni des sectes ni des origines ; il est l'œuvre, il est la propriété exclusive d'une femme de bien qui, ayant pitié des petits enfants faibles, rachitiques, scrofuleux, s'est donné la joie de leur porter secours, de les faire soigner dès le premier âge et de les convier dans une maison bâtie pour eux, élégante, luxueuse, semblable à une villa, où ils trouvent des médecins habiles et les modes de traitement imaginés par la science expérimentale. Tout l'honneur de cette fondation remonte à Mme Heine-Furtado, qui seule l'a créée, l'entretient et en a fait une institution d'une valeur exceptionnelle. Dans le XIVe arrondissement, entre les quartiers de Plaisance et du Petit-Montrouge, aux environs de la chaussée du Maine, s'ouvre la rue Delbet, qui débouche dans la rue d'Alésia ; c'est là, dans un vaste terrain, que a le dispensaire pour les enfants pauvres des deux sexes » a été inauguré le 12 août 1884. L'architecte, M. Blondel, qui déjà avait construit un dispensaire à Mulhouse, a été laissé libre de suivre son imagination ; son imagination l'a bien servi. Il est difficile de mieux approprier un bâtiment à une destination déterminée et de se préoccuper avec plus d'intelligence des prescriptions de l'hygiène. Tout est salubre dans cette maison isolée, baignée par le soleil, vivifiée par les courants d'air, pourvue d'eau en abondance et enclavée dans un jardin où les jeunes arbres répandent déjà l'ombre de leur feuillage. Un svelte portique d'ordre dorique précède un pavillon dont le rez-de-chaussée est occupé par une salle d'attente et dont le premier étage contient les logements de la direction et du service. En face de ce pavillon, le dispensaire s'évase en quart de cercle dans son bel appareil composé de matériaux de choix. Comme la superficie ne manquait point, on n'a pas été forcé d'avoir recours à la superposition, ainsi que dans les quartiers où Paris se tasse et s'étouffe. Un sous-sol, un rez-de-chaussée et c'est tout ; larges baies, couloir très clair desservant les salles, boiseries et parquets en chêne, murailles en stuc poli comme du marbre, aération constante : c'est complet. Dans le sous-sol, on a installé les services domestiques : la chambre du machiniste, où sont les générateurs du ventilateur et du calorifère, la buanderie, le séchoir, la cuisine, les offices, le réfectoire et la pouillerie, où les vêtements des enfants sont purgés de leurs scories et du reste. Au rez-de-chaussée, la salle des bains ordinaires, la salle des bains sulfureux, la salle des bains électriques, la salle d'hydrothérapie outillée avec prodigalité, la piscine d'eau salée, la salle de gymnastique, la salle du massage, la salle d'électrisation, les salles d'attente, les cabinets des médecins, la pharmacie. Rien d'étriqué ni de mesquin, tout est ample et a cossu ; » c'est du luxe solide, bien portant, où l'on chercherait en vain quelque chose de factice ou d'inutile. On voit que les instructions de la bienfaitrice ont été suivies à la lettre : « Vous ferez pour le mieux ; » et faire mieux eût été impossible. L'aspect des salles a quelque chose de doux et d'anormal qui m'étonne ; je cherche à m'en rendre compte. Je m'aperçois que tous les angles sont supprimés et remplacés par des lignes courbes ; la retombée même du plafond sur la muraille affecte une forme glissante où nulle contagion ne peut s'installer : la colonie des microbes ne découvrirait pas un coin où se loger. Les maladies infectieuses entrent et sortent sans laisser trace derrière elles. En outre, nul enfant atteint de maladie aiguë ou contagieuse n'est reçu dans les salles, car le traitement auquel, dans ce cas, il doit être soumis, relève de l'hôpital et non du dispensaire.

Les frais qu'entraînent l'entretien, les services spéciaux, les services généraux d'une maison pareille sont considérables, car tout y est gratuit ; Mme Heine-Furtado y a pourvu en constituant 100,000 livres de rente à son dispensaire. De plus, je crois bien qu'il y a quelque part un tiroir qui, comme dit la chanson, n'est jamais ni vide ni plein, où elle dépose des sommes d'argent sans cesse renouvelées et qui servent à aider, pendant des heures de chômage, de difficultés pressantes, les familles des enfants malades. Ceux-ci ont à leur disposition cinq médecins : le docteur Charles Leroux, chargé de la thérapeutique générale, tous les jours, excepté le dimanche ; le docteur P. Redard pour la chirurgie ; le docteur Edouard Meyer pour l'ophtalmologie ; le docteur E. Mènière pour les maladies des oreilles, deux fois par semaine ; et tous les jeudis, le docteur A. Chauveau pour les maladies de la bouche. Au courant de l'année 1886, l'ensemble des soins donnés a été représenté par 30,931 consultations et 129,838 médications.

C'est M. le docteur Edouard Meyer qui a bien voulu me faire visiter le dispensaire et me permettre d'assister à sa consultation. J'ai été surpris de voir un sergent de ville en faction dans le couloir qui donne accès aux salles d'attente. Pourquoi ce délégué de l'autorité municipale au seuil même du « temple d'Esculape ? » Parée que toutes les mères qui viennent consulter a le fatal oracle d'Épidaure » se bousculent, s'injurient et volontiers se crêperaient le chignon si l'on n'y mettait bon ordre. Chacune veut passer la première, malgré le numéro d'ordre qu'elle a reçu en arrivant et qui indique le tour de consultation. Le bon gardien de la paix se promène philosophiquement, et n'a pas souvent à intervenir ; mais s'il n'était pas là, le combat ne tarderait pas à s'engager, comme il s'engageait lorsque ces braves femmes étaient abandonnées à leur propre sagesse. Une première inspection est faite dans la salle d'attente par un élève en médecine, qui opère une sorte de classement entre les enfants, selon le genre d'affection dont ils souffrent. Le médecin est entré dans son cabinet, il a revêtu le tablier traditionnel, il s'est assis ; à côté de lui, sur un guéridon, sont placés les instruments et les médicaments usuels. Un de ses élèves tient la plume, prêt à écrire les observations et les ordonnances. Lorsqu'un enfant est admis pour la première fois à la consultation, il reçoit une fiche portant un numéro ; ce numéro est reporté sur un registre où l'on inscrit le nom, l'âge, l'adresse du malade, l'observation concernant la maladie et le traitement prescrit. De la sorte, l'état civil et l'historique du mal peuvent être immédiatement constatés. Pendant l'exercice 1880, le docteur Edouard Meyer est venu cent deux fois à son cabinet du dispensaire et a examiné 7,185 malades ; c'est une moyenne de 70 enfants par consultation. Ceux que j'ai vus étaient plus nombreux (95 enfants, dont 40 garçons et 55 filles).

Le défilé a commencé ; les petits malades entrent par groupes de 8 ou 10, accompagnés de leur mère. Je n'ai pas aperçu un seul homme, ce qui s'explique par le seul fait du labeur quotidien. Dans le cabinet du médecin, il n'est pas besoin de sergent de ville : tout le monde est sage et silencieux. Chétifs, maigrelets, visiblement émus, les enfants s'approchent un à un, la mère les suit, prête à fournir des renseignements qui ne sont propres qu'à exercer la perspicacité du docteur, « Votre fille est aveugle ? — Ça se peut bien. — Depuis quand ? — Voilà quelque temps. — Comment le mal s'est-il déclaré ? — Ça est venu comme ça. » Essayer de tirer de ces pauvres cervelles un éclaircissement ou une observation, c'est peine perdue. Le médecin a vite fait d'étendre un enfant sur ses genoux ; d'un tour de main il a retourné la paupière et cautérisé les granulations : à un autre ! — Les plus petits se défendent ; ils sont en trépidation, ils crient, ils ruent comme des poulains. L'opération n'en est pas moins faite avec une sûreté et une rapidité que j'admire. Les plus grands affectent le stoïcisme ; ils sont un peu pâles, mais font bonne contenance et ne bronchent pas lorsque, d'un geste sec et à l'aide d'un pinceau, on leur lance sur la cornée transparente compromise par une taie légère la poudre blanche qu'ils prennent pour du sucre candi et qui est du calomel. Une femme apporte un enfant qui est presque un nouveau-né. L'état des yeux ne laisse aucun doute : la vue est abolie pour jamais. Durement je lui dis : « Vous savez pourquoi votre fils est aveugle ? » — Elle rougit, ébauche un sourire maladroit, et, à voix basse, répond : « Oui, monsieur ! » La physiologie ne se soucie guère des prescriptions du Deutéronome, et, à la seconde même de la naissance, elle punit les enfants de la débauche de la mère. Parmi les malheureux que l'on nomme les aveugles-nés, la plupart, — au moins la moitié, — doivent à la dépravation maternelle la cécité qui, pour la durée de leur existence, les enferme dans la nuit et les rejette en marge de l'humanité.

Après chaque opération, après chaque consultation, le médecin remet un bonbon à l'enfant, récompense de son courage actuel ou futur. Le petiot se dépêche de l'engloutir, comme s'il redoutait, par expérience, la gourmandise des familles. On dit à un gamin dont les yeux sont tuméfiés : « As-tu un mouchoir ? » Il renifle, se torche le nez d'un coup de manche et répond : « Non, monsieur. »

VI. — LE DISPENSAIRE.

Le docteur lui donne deux mouchoirs en belle toile de liteaux de couleur différente : un pour chaque œil. Est-ce lui qui profitera de l'aubaine ? J'en doute. Un tiroir plein de mouchoirs est toujours à la disposition du médecin ; quand la provision est épuisée, on est quitte pour la renouveler. On sermonne les mères, on les adjure d'avoir soin de leurs enfants, on s'évertue à leur faire comprendre l'intérêt la nécessité de la propreté et de certaines précautions hygiéniques dont une cuvette d'eau fait les frais ; à tout ce qu'on leur dit, elles répondent : « Oui, monsieur. » Soumission apparente, déférence de politesse, rien de plus ; leur air hébété, leur sourire vague et niais prouvent qu'elles ont entendu sans écouter et que rien n'a pu pénétrer à travers leur obtusité. Du reste, il suffit de les voir pour reconnaître que les observations si humaines et si sages qui leur sont adressées ne détruiront pas des habitudes invétérées. La négligence de leur tenue, pour ne dire plus, est un indice irrécusable de leur indifférence en matière de propreté. Les cheveux ternes et mal peignés, les mains qui peuvent porter des bagues, mais qui n'ont en avec le savon que des rencontres fortuites, les pieds enfoncés dans des savates éculées, les taches qui maculent les vêtements, tout leur extérieur, en un mot, dénote bien moins la misère que l'oubli de soi-même. L'enfant participe à cette saleté, comme il participe à la vie de famille, sans que ni l'un ni l'autre en aient conscience. Une femme disait : « Il dit ça, le médecin, il est obligé de le dire ; mais qu'est-ce qu'on peut me reprocher, je soigne le petit comme moi-même. » Précisément, ma bonne, c'est ce que l'on vous reproche. Je crois que le seul moyen de sauver les enfants, d'écarter d'eux les maladies provenant d'une hygiène déplorable et de les mettre en santé active, serait de faire l'éducation des mères. Je conviens que ce serait difficile.

Les médicaments sont donnés gratuitement, soit au dispensaire même, soit chez un pharmacien attitré dont les notes sont soldées à vue. La distribution des médicaments prend une singulière extension dans cette maison bienfaisante ; les mouchoirs, nous venons de le dire, sont considérés comme médicaments, ainsi que les brosses à dents qui sont remises à chacun des enfants que soigne le dentiste, ainsi que les appareils orthopédiques dont le chirurgien prescrit l'usage aux petits malades, et qui, pour l'année 1886, ont formé un total de 165 ; médicaments aussi : 22,409 bains sulfureux, bains salés et douches ; médicaments encore : 30,324 repas composés de soupe, de viande, de riz et de vin. Pour ces êtres débiles, aux membres grêles, au ventre ballonné par la mauvaise nourriture, l'alimentation est le plus précieux des remèdes ; on ne la leur ménage pas, et je crois que les chiffres que je viens d'indiquer sont dépassés aujourd'hui, car la moyenne des enfants qui s'assoient dans le réfectoire est actuellement de 150 par jour. Ce n'est pas tout : on ne veille pas seulement sur la santé de ce peuple enfantin qui peut-être devra plus tard sa résistance et sa solidité aux soins que la bonté d'une femme lui aura fait prodiguer ; on cherche à l'amuser, et deux fois par an, à son profit, le dispensaire est en fête. A Noël, — ceci est très remarquable, — et à Pâques, Guignol est en permanence dans la grande salle, et devant les enfants émerveillés, il représente les aventures de polichinelle, du diable et de monsieur le commissaire ; d'heure en heure le public se renouvelle, toujours attentif, toujours charmé, applaudissant et se pâmant d'aise aux facéties des fantoches. Les mères sont de la partie et se gardent d'y manquer, car on donne à chacune d'elles 2 francs et un kilogramme de viande. Les enfants reçoivent leurs cadeaux ; et ce jour de Noël, par la main d'une israélite, le petit Jésus leur envoie des jouets et parfois des livrets de caisse d'épargne. A-t-on jamais fait mieux quelque part ? Aussi on ne peut qu'applaudir l'Académie de médecine qui a accordé le prix de l'hygiène de l'enfance à Mme Heine-Furtado, et l'Académie des sciences qui, dans sa séance solennelle du 17 décembre 1886, lui a décerné « une mention hors ligne et hors concours pour les services rendus par le dispensaire, services dignes de la reconnaissance nationale.[1] »

1 *Rapport de M. le baron Larrey sur la statistique du dispensaire Furtado - Heine.*
La commission du prix Montyon de statistique, parmi les travaux nombreux et re-marquables qu'elle a examinés cette année, a cru devoir d'abord signaler, hors ligne et hors concours, Mme Furtado-Heine, qui a donné son nom à un magnifique dispensaire fondé par sa munificence.
Le *dispensaire Furtado Heine* est destiné au traitement des enfons pauvres ou de ceux de la classe ouvrière atteints d'affections chroniques, telles que la scrofule, la tuberculose, le rachitisme ou d'autres maladies réputées incurables, et à peu près privés des secours de l'assistance publique, sinon exclus de la plupart des hôpitaux. Cette fondation, toute nouvelle et essentiellement charitable, fonctionne à peine depuis trois années, sans distinction aucune de nationalité ou de religion, et déjà l'affluence des petits malades amenés aux consultations diverses du dispensaire dépasse par milliers toutes les prévisions.
Les *relevés statistiques du dispensaire Furtado-Heine* en démontrent la proportion,

En sortant de cette maison, qui n'est que celle de la charité, j'ai avisé sur ma droite, rue Jacquier, un grand bâtiment en brique, de hautes dimensions et ayant un faux air de manufacture. Je me suis enquis : « Qu'est-ce que c'est ? — Une école professionnelle pour les aveugles. — A qui appartient-elle ? — Mme Heine-Furtado l'a fait construire, l'a dotée et l'a donnée à la Société des ateliers d'aveugles, dont M. Schickler est le président. » Cela me fait penser aux contes de Perrault ; suis-je donc chez la marquise de Carabas de la bienfaisance ? Je suis entré : au rez-de-chaussée et au premier étage sont des ateliers où travaillent ceux qui vivent dans les ténèbres ; ils apprennent à faire des brosses, des plumeaux, des balais, ils tissent des tapis en sparterie, et tâchent de pourvoir aux besoins de leur existence en travaillant à des métiers où la délicatesse du toucher peut remplacer la vue. Parmi les ouvriers, je remarque un nègre qui, tout en besognant, se dandine et roule de gros yeux blancs d'un aspect étrange dans son visage noir. La maison est un externat ; on n'y couche pas, mais on y gagne sa vie.

L'exemple de Mme Heine-Furtado suffirait à prouver que la communauté israélite de Paris, tout en étant très maternelle pour les siens, porte secours, autant qu'elle le peut, au groupe social au milieu duquel elle a posé sa tente. Exclusive par ses mœurs et par sa religion, elle entre en contact immédiat et profond avec la nation entière aussitôt qu'il s'agit de charité. Elle accueille sans parti-pris, avec libéralisme et libéralité, toute infortune qui tend la main vers elle ; les municipalités le savent, et les congrégations, et les œuvres laïques, et les individus qui, de la mendicité, se sont fait un métier lucratif. Les noms de l'opulence israélite sont connus, je les retrouve en toute liste de souscription, toujours prêts à s'offrir pour une bonne action. Les aumônes prennent parfois ampleur de largesses ; Mme James de Rothschild donne 600,000 francs à l'assistance publique pour aider les ouvriers pauvres à payer leurs loyers, et Antoine Kœnigswarter lègue un million à l'œuvre des

---

pour la période des deux premières années 1884-1885, et promettent les plus sûrs développements d'une œuvre non-seulement reconnue d'utilité publique, mais digne de la reconnaissance nationale.

C'eut enfin un devoir pour la commission de statistique de signaler cette œuvre de bien à la haute appréciation de l'Académie.

Au mois de juillet, Mme Heine-Furtado a été nommée « chevalier » de la Légion d'honneur.

Maxime Du Camp

jeunes détenus que dirige M. Bonjean. Chacun, parmi les riches d'Israël, s'empresse de « faire sa justice, » et « la dime » est souvent dépassée. Booz ne laisse pas seulement glaner Ruth la Moabite, il verse lui-même six mesures d'orge dans son tablier ; la tradition des ancêtres ne s'est point altérée. On a dit que la bienfaisance des juifs était pour eux une sorte de nécessité sociale, et que leurs offrandes, si magnifiques qu'elles fussent, représentaient une prime d'assurance destinée à sauvegarder leur fortune. Je n'en crois rien, et je connais de bien gros coffres-forts qui ne se sauvegardent guère par de tels moyens. Il me semble que le motif qui les émeut est tout historique. Pourquoi ne pas appliquer à la race issue de Jacob le vers de Virgile :

Non ignara mali, miseris succurrere disco ?

Nul peuple n'a été plus cruellement traité que celui qui se proclame le peuple de Dieu. Pendant dix-huit siècles, l'humanité s'est acharnée contre lui ; il a connu toutes les avanies, toutes les humiliations, toutes les tortures ; il est resté imperturbable dans sa foi, dans ses coutumes, et a donné un exemple extraordinaire de l'énergie de ses convictions. Aujourd'hui, quoiqu'il soit entré de plain-pied dans le droit de cité, il n'est pas encore à l'abri de certains préjugés que le temps seul fera disparaître ; mais du moins, en nos pays aryens, il peut vivre de la vie commune et soutenir comme d'autres, mieux que d'autres souvent, la lutte pour l'existence. S'il est généreux, si la bienfaisance est sa vertu maîtresse, c'est qu'il n'a point oublié le temps des persécutions, et s'il a pitié de ceux qui souffrent, c'est qu'il se souvient de ce qu'il a souffert.

VI. — LE DISPENSAIRE.

ISBN : 978-1545432792

www.ingramcontent.com/pod-product-compliance
Lightning Source LLC
Chambersburg PA
CBHW072108280526
45788CB00006B/2450